Monika Goldberg

Triathlon für Kinder und Jugendliche

Monika Goldberg

Triathlon für Kinder und Jugendliche

Ein Konzept für Vereine und andere Organisationen

VDM Verlag Dr. Müller

Impressum/Imprint (nur für Deutschland/ only for Germany)
Bibliografische Information der Deutschen Nationalbibliothek: Die Deutsche Nationalbibliothek
verzeichnet diese Publikation in der Deutschen Nationalbibliografie; detaillierte bibliografische
Daten sind im Internet über http://dnb.d-nb.de abrufbar.
Alle in diesem Buch genannten Marken und Produktnamen unterliegen warenzeichen-, marken-
oder patentrechtlichem Schutz bzw. sind Warenzeichen oder eingetragene Warenzeichen der
jeweiligen Inhaber. Die Wiedergabe von Marken, Produktnamen, Gebrauchsnamen,
Handelsnamen, Warenbezeichnungen u.s.w. in diesem Werk berechtigt auch ohne besondere
Kennzeichnung nicht zu der Annahme, dass solche Namen im Sinne der Warenzeichen- und
Markenschutzgesetzgebung als frei zu betrachten wären und daher von jedermann benutzt
werden dürften.

Coverbild: www.purestockx.com

Verlag: VDM Verlag Dr. Müller Aktiengesellschaft & Co. KG
Dudweiler Landstr. 125 a, 66123 Saarbrücken, Deutschland
Telefon +49 681 9100-698, Telefax +49 681 9100-988, Email: info@vdm-verlag.de

Herstellung in Deutschland:
Schaltungsdienst Lange o.H.G., Zehrensdorfer Str. 11, D-12277 Berlin
Books on Demand GmbH, Gutenbergring 53, D-22848 Norderstedt
Reha GmbH, Dudweiler Landstr. 99, D- 66123 Saarbrücken
ISBN: 978-3-8364-8632-3

Imprint (only for USA, GB)
Bibliographic information published by the Deutsche Nationalbibliothek: The Deutsche
Nationalbibliothek lists this publication in the Deutsche Nationalbibliografie; detailed
bibliographic data are available in the Internet at http://dnb.d-nb.de.
Any brand names and product names mentioned in this book are subject to trademark, brand or
patent protection and are trademarks or registered trademarks of their respective holders. The use
of brand names, product names, common names, trade names, product descriptions etc. even
without
a particular marking in this works is in no way to be construed to mean that such names may be
regarded as unrestricted in respect of trademark and brand protection legislation and could thus
be used by anyone.

Cover image: www.purestockx.com

Publisher:
VDM Verlag Dr. Müller Aktiengesellschaft & Co. KG
Dudweiler Landstr. 125 a, 66123 Saarbrücken, Germany
Phone +49 681 9100-698, Fax +49 681 9100-988, Email: info@vdm-verlag.de

Copyright © 2008 VDM Verlag Dr. Müller Aktiengesellschaft & Co. KG and licensors
All rights reserved. Saarbrücken 2008

Produced in USA and UK by:
Lightning Source Inc., 1246 Heil Quaker Blvd., La Vergne, TN 37086, USA
Lightning Source UK Ltd., Chapter House, Pitfield, Kiln Farm, Milton Keynes, MK11 3LW, GB
BookSurge, 7290 B. Investment Drive, North Charleston, SC 29418, USA
ISBN: 978-3-8364-8632-3

I. Inhaltsverzeichnis

I.	Inhaltsverzeichnis	1
II.	Abbildungsverzeichnis	2
1.	Einleitung	3
2.	Entstehung der Sportart Triathlon im historischen Überblick	4
2.1.	Entwicklung des Ausdauersports	5
2.1.1.	Antike Ursprünge	5
2.1.2.	Die Entstehung und Entwicklung eines modernen Sportbegriffes	6
2.1.3.	Entstehung und Entwicklung des Triathlons in den USA	14
2.1.4.	Entstehung des Ironman	15
2.1.5.	Entstehung und Entwicklung des Triathlons in Deutschland	16
2.2.	Zusammenfassung der Entwicklungstendenzen	18
3.	Anforderungen an ein Konzept für Kinder- und Jugendtriathlon	20
3.1.	Sportwissenschaftliche Anforderungen an das Konzept	20
3.1.1.	Physische Voraussetzungen von Kindern und Jugendlichen für den Ausdauersport	20
3.1.2.	Grundlagen der vielseitigen, handlungsorientierten sportliche Ausbildung	29
3.1.3.	*friluftsliv* und Triathlon	36
3.2.	Pädagogische und gesellschaftliche Anforderungen an das Konzept	38
3.2.1.	Umgang mit der Ausführung einer wettkampforientierten Sportart	38
3.2.2.	Geschlechtsspezifische und -typische Unterschiede in der Heranführung und Durchführung der Sportart	40
3.2.3.	Entwicklung von sozialen Kompetenzen in Triathlonmaßnahmen	45
3.2.4.	Der gesellschaftliche Stellenwert der Sportart Triathlon im Wandel	46
3.2.5.	Das Körperbild der TriathletInnen	49
3.2.6.	Die breiten- oder leistungssportliche Orientierung im Kinder- und Jugendtraining	51
3.2.7.	Nachhaltige Auswirkungen auf das weitere „Sportleben" und auf das Gesundheitsbewusstsein	52
3.3.	Strukturelle Voraussetzungen (Vereins- und Verbandsstrukturen)	58
3.3.1.	Die Struktur des Hamburger Triathlon Verbandes	58
3.3.2.	Kinder- und Jugendarbeit im Hamburger Triathlon Verband	59
3.4.	Organisation und Durchführung	61
4.	Beispiel der praktischen Durchführung des Konzepts anhand einer Kinder-Triathlon-Schnupperwoche im Verein Aktive Freizeit e.V. in Hamburg	63
4.1.	Planung des Angebotes	63
4.2.	Darstellung der Kursinhalte	64
4.2.1.	Kursinhalte der Schnupperwoche	64
4.2.2.	Beispielhaftes Tagesprogramm	65
4.2.3.	Reflexion der Maßnahme	68
5.	Abschließende Bemerkung	71
	Literaturverzeichnis	72
III.	Anhang	76

II. Abbildungsverzeichnis

Abbildung 1: Sport – Spiel – Wettkampf. In: Guttman, A: sports: the first five millennia, Univ. of Massachusetts Press 2004. S. 2. 6

Abbildung 2: Altersstufengemäße Belastungen. In: Grosser, M.: Das neue Konditionstraining. München. 2004. S. 222. 22

Abbildung 3: Borg Skala, Stemper, T.: Marathontraining 2004. In: http://www.drstemper.de, Zugriff 2.12.2005. 22

Abbildung 4: Koordinatives Anforderungsprofil im Triathlon 33

Abbildung 5: DTU Grafik. Linck, S.: Mitglieder der Landesverbände 2004. 42

Abbildung 6: Psychische Komponenten von Leistungssport. In:Frester, R.: Mentale Fitness für junge Sportler. Göttingen 1999, S. 53. 54

1. Einleitung

Die vorliegende Diplomarbeit befasst sich mit der Konzeption eines Triathlonprogramms für Kinder und Jugendliche. Das Konzept ist auf die Arbeit in Vereinen und anderen außerschulischen Organisationen ausgelegt, könnte aber auch Anwendung im Rahmen der Nachmittagsbetreuung in Ganztagsschulen finden.

Der inhaltliche Schwerpunkt liegt in der Darstellung der Sportart Triathlon als vielseitiges Kinder- und Jugendtraining für Mädchen und Jungen.

Diese vielseitige sportliche Ausbildung kann, so meine Hypothese, die Grundlage für ein freudvolles, eigenmotiviertes, gesundheitsorientiertes und lebenslanges Sporttreiben sein.

Im ersten Kapitel erfolgt eine Betrachtung der historischen Entwicklung der Sportart Triathlon. Im zweiten Kapitel werden die Anforderungen an das vorliegende Konzept abgesteckt. Betrachtet werden sportwissenschaftlichen Grundlagen, pädagogische und gesellschaftliche Aspekte sowie strukturelle Voraussetzungen. Im abschließenden Kapitel werden diese Ergebnisse exemplarisch auf die Praxisarbeit übertragen.

2. Entstehung der Sportart Triathlon im historischen Überblick

Vorbemerkung

Die Antwort auf die Frage nach dem exakten, kalendarischen Ursprung und dem genauen Ursprungsort der Sportart Triathlon wird in der Literatur unterschiedlich gegeben. Eindeutig ist diese Frage nur zu beantworten, wenn unter Triathlon ein Ausdauerdreikampf von 3,8 km Meeresschwimmen, 180 km Einzelzeitfahren auf dem Rad und ein Marathonlauf, genau in dieser Reihenfolge und ohne Pausen zwischen den einzelnen Disziplinen verstanden würde. Teilte man diese Ansicht, würde der Ursprungsort Hawaii heißen und das Ursprungsjahr 1978. Unter Triathlon verstünde man in der Folge lediglich die Lang- oder Ironmandistanz von oben genannter Länge. Diese Ansicht ist unter Betrachtung zweier Gesichtspunkte unzulänglich:

1. Sie entspricht nicht dem heute üblichen Verständnis und der Praxis der Sportart, welches unterschiedliche Distanzen der Wettkämpfe einschließt (z.B. Olympische Distanz, Jedermanndistanz.)
2. Im Kinder- und Jugendsport ist die Ironmandistanz aufgrund ihrer Länge nicht von Belang.

In der Folge möchte ich deshalb eine Entwicklungsgeschichte der Sportart Triathlon aufzeigen, die ihr Blickfeld über diese Sichtweise hinaus erweitert und die Ursprünge der Sportart weit vor der Entstehung des Ironman auf Hawaii ansetzt. Diese Entwicklungsgeschichte erhebt keinen Anspruch auf Vollständigkeit, soll jedoch dazu dienen, positive und negative Tendenzen in der Entstehung und Entwicklung hervorzuheben, um auf deren Grundlage Empfehlungen für den Bereich Kinder- und Jugendtriathlon geben zu können.

2.1. Entwicklung des Ausdauersports

Die Entwicklung des Ausdauersports stellt die historische Voraussetzung für die Entstehung der Sportart Triathlon dar. Im Folgenden soll ein kurzer chronologischer Ablauf der Entwicklung der Ausdauerbewegung, zum größten Teil aus Sicht der Leichtathletik, gegeben werden.

2.1.1. Antike Ursprünge

Ausdauermehrkämpfe und in der Folge auch Triathlon, können in ihrer Entstehungsgeschichte bis in das antike Griechenland zurückverfolgt werden. Als Vorbild aller Mehrkämpfe gilt der klassische Fünfkampf der antiken Olympischen Spiele[1], der im Jahr 708 v.Chr. eingeführt wurde. Die sogenannten „athletes"[2] übten im Pentathlon folgende fünf Sportarten aus: Diskuswurf, Weitsprung, Speerwurf, Kurzstreckenlauf über eine Stadionlänge (192,27 m) oder ein Vielfaches hiervon und einen abschließenden Ringkampf. Obwohl sich hier, bis auf den Mehrkampfcharakter, wenige Parallelen zu einem heutigen Ausdauerbegriff[3] und zum Triathlon finden lassen, bleibt jedoch festzuhalten, dass Mehrkämpfer aus ästhetischen Gesichtspunkten seitdem oft als Idealbild angesehen werden.

Der Philosoph Aristoteles beispielsweise sagte: „Die Mehrkämpfer sind die schönsten Menschen, weil sie zu Kraft und Schnelligkeit gleichermaßen fähig sind." Diese Bewertung übte eine idealisierende Wirkung auf Pädagogen, Altertumskundler, Kunstwissenschaftler und auf die so genannte Geisteswelt des 19. und 20. Jahrhunderts aus, die der späteren Triathlonbewegung in Europa wie in den USA zum Durchbruch und Anerkennung verhalf.[4] Es ist anzunehmen, dass diese Wirkung bis heute anhält (vgl. 3.2.5). Neben den klassischen Mehrkämpfen war der Marathonlauf von 490 v.Chr. zur Entstehung der Ausdauerbewegung von

---

[1] vgl. Ebert, J.: Olympia von den Anfängen bis zu Coubertin 1980. S. 123.
[2] Athletes wurden in der Antike ursprünglich alle Teilnehmer gymnischen, hippischen oder musischen Agone (d.h. bei großen Versammlungen ausgetragene Wettkämpfe) genannt. Diese Bezeichnung existiert bereits seit dem 5. Jahrhundert vor Chr. und bezeichnet alle Athleten, die sich durch ein langes und gezieltes Training (askesis) auf schwer- oder leichtathletische Agone vorbereitet haben. vgl. Habenicht, J.: Triathlon Sportgeschichte 1991. S. 22.
[3] Unter Ausdauer, auch Ermüdungswiderstandsfähigkeit, wird die konditionelle Fähigkeit der pschyo-physischen Widerstandsfähigkeit des Organismus gegen Ermüdung bei sportlichen Belastungen verstanden. Die Erscheinungsformen der Ausdauer (Ausdauerfähigkeiten, -eigenschaften) werden in der Literatur je nach Betrachtungsweise unter verschiedenen Gliederungsansätzen systematisiert. vgl. Hollmann, W./ Hettinger, Th.: Sportmedizin – Arbeits- und Trainingsgrundlagen 1980. S.35-48.
[4] vgl. Habenicht, J.: Triathlon Sportgeschichte 1991. S. 23.

entscheidender Bedeutung. Obwohl er in der Antike nie als Sportlauf ausgetragen wurde[5], gilt er bis heute als Vorbild für die gesamte Ausdauerbewegung und ist noch immer ein großes sportliches Ziel, sowohl im Breiten- als auch im Leistungssport.

2.1.2. Die Entstehung und Entwicklung eines modernen Sportbegriffes

Als nächsten Fokuspunkt in dieser geschichtlichen Betrachtung der Genese des Triathlonsports, möchte ich die Entwicklung des modernen Sportbegriffes kurz skizzieren. Beginnend mit der so genannten athletischen Bewegung wird im Folgenden der Weg über die Entstehung des Freizeitsports bis hin zur Ausbildung einer ersten Ausdauerbewegung mit Mehrkampftendenzen aufgezeigt. Es sei an dieser Stelle darauf hingewiesen, dass ich mich bei dieser Betrachtung hauptsächlich auf die Entwicklung des Wettkampfsports beziehe und den Bereich der Spielentwicklung aus umfänglichen Gründen vollständig auslasse. Nachfolgende Graphik zeigt eine mögliche Einordnung des Sportbegriffes (hier: sports) in den Themenkreis: Spiel, Wettkampf, Sport und deutet somit auch auf die in dieser Arbeit nicht bearbeiteten Themenfelder .

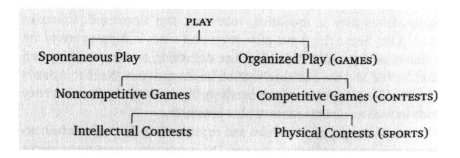

Abbildung 1: Sport – Spiel – Wettkampf. In: Guttman, A: sports: the first five millennia, Univ. of Massachusetts Press 2004. S. 2.

---

[5] Alles, was an Mutmaßungen über den historischen Lauf des Boten, der vom Schlachtfeld vor Marathon bis nach Athen lief, um den Sieg über die Perser zu verkünden und vor der drohenden Gefahr der persischen Flotte zu warnen, berichtet wird, gehört in den Bereich der Legende. vgl. Habenicht, J.: Triathlon Sportgeschichte 1991. S. 23.

2.1.2.1. Die athletische Bewegung

„Pedestrianism" wird als Vorstufe der athletischen Bewegung bezeichnet. Bereits im 17. Jahrhundert etablierte sich in England die Teilnahme von Botenläufern adliger Herrschaften an so genannten „Footraces", die von ihren Dienstherren aus Wettleidenschaft veranstaltet wurden. Die ausgeprägt britische Wettleidenschaft war im 17. Und 18. Jahrhundert häufig Anlass für Wett-Kämpfe und führte in der Folge zu einer frühen Ausbildung von Wettkampfstrukturen und nicht zuletzt zur Prägung des Begriffes Wettkampf(sport), als welcher auch Triathlon bezeichnet wird. Als der Ausbau des Straßennetzes die bediensteten „Footrunner" überflüssig machte, nutzen einige von ihnen weiterhin ihre Fähigkeiten und wurden zu professionellen Wettläufern und -gehern. Zunächst als „Low Class Sport" abgetan, wurde der Laufsport schnell gesellschaftsfähig. Gentlemen und Offiziere traten der Bewegung bei, was dem Laufsport zu gesellschaftlichem Ansehen verhalf und ihn zur Grundlage der athletischen Bewegung im England des 19. Jahrhunderts machte.

Anfang des 19. Jahrhunderts wurde die ersten Laufwettbewerbe (hier tatsächlich noch Laufen mit Wetteinsatz) an englischen Public Schools, privaten Highschools und Universitäten durchgeführt. Diese beschränkten sich zunächst noch auf den Freizeitbereich der Schüler und Studenten, später wurde der Laufsport jedoch auch in das Curriculum und in pädagogische Konzepte einbezogen.

Die Ausbildung von formalen Strukturen der „athletic sports" setzte sich, der englischen Tradition folgend, in der zweiten Hälfte des 19. Jahrhunderts in den so genannten Clubs fort.[6] 1863 entstand in London der erste Athletic Club, der Mincing Lane Athletic Club.[7] Erste Wettkampfstätten wurden 1870 in Lilie Bridge und Stanford Bridge erstellt. Bereits 1880 wurde eine Dachorganisation, die Amateur Athletic Association (A.A.A.), mit 154 Clubs und 20.000 Athleten gegründet.

Durch gesellschaftliche und touristische Verbindungen mit England gelangte „athletic sports" in der zweiten Hälfte des 19. Jahrhunderts auch nach Deutschland. Ab 1870 wurde „athletic sport" von einzelnen Gymnasiallehrern, ab 1891 vom Zentralausschuss zur Förderung der Volks- und Jugendspiele[8] betrieben. Es kam

---

[6] vgl. Eichberg, H.: Der Weg des Sports in die industrielle Zivilisation 1973. S.112.
[7] vgl. Shearman, M.: Athletics 1901. S.45.
[8] Der Zentralausschuß zur Förderung der Jugend- und Volksspiele in Deutschland, 1891 gegründet, stellte sich die Aufgabe, die neuen Formen der Leibesübungen im Freien, insbesondere der Bewegungsspiele, zu fördern und zu verbreiten. Hierbei handelt es sich erstmals um einen Zusammenschluss verschiedener Organisationen des Sportsystems, jedoch noch nicht um einen integrierenden Dachverband, sondern vielmehr um einen sich durch Kooperation rekrutierenden Kreis von Personen des öffentlichen Lebens. Initiator dieses

jedoch zu einer anderen Ausrichtung als in England. Nachfolgend beschriebene Ausrichtung wird als grundlegend für die spätere Triathlonentwicklung bezeichnet.[9] Während in England Mehrkämpfe mit leichtathletischen Disziplinen vorherrschten, war die Leichtathletik zu diesem Zeitpunkt in Deutschland noch nicht fest etabliert und somit wurde auf den weiter entwickelten Radsport zurückgegriffen. Hier entstanden erste Verbindungen zwischen den beiden Sportarten Lauf- und Radsport. Auch räumlich wurde der Lauf- und Radsport, auf Empfehlung des Zentralausschusses für Volks- und Jugendspiele zusammengebracht. Schmidt, Übungsstättenfachmann des o.g. Ausschusses, schreibt in seiner „Anleitung zu Wettkämpfen": „Eine solche Rennbahn ist also genau so angeordnet wie die Radrennbahnen der Sportplätze. Dient der Sportplatz zugleich als Festplatz, so kann solche Radfahrbahn selbst (...) zum Wettlauf benutzt werden."[10] So genannte „mixed meetings", Radrennveranstaltungen in deren Rahmen leichtathletische Wettkämpfe stattfanden, waren das Resultat und existieren in Deutschland bereits seit 1880 und sind somit älter als reine leichtathletische Wettkämpfe. Eines der bekanntesten Rennen wurde 1882 vom Hamburger Sportclub veranstaltet. Es beinhaltete ein Flachrennen, ein Hindernisrennen und ein Radrennen über 2000 m. Eine weitere Verbindung zwischen der athletischen Bewegung und dem Radsport entstand durch den Einsatz von Radfahrern als Tempomacher für die Läufer. Dies war z.B. bei den Berliner Chausseerennen üblich. Obwohl die Beziehung zwischen Leichtathletik und Radsport in Deutschland fast ausschließlich zweckdienlich war, wird doch das nebeneinander der beiden Sportarten dazu geführt haben, dass etliche „mixed meetings" angeboten wurden und es bereits zu diesem Zeitpunkt Sportler gab, die sich für beide Sportarten interessierten und sie abwechselnd oder in Folge betrieben. Es soll jedoch bemerkt werden, dass es auch gegenläufige Tendenzen gab. Die DSBfA (Deutsche Sportbehörde für Athletik) beispielsweise versuchte solchen integrativen Tendenzen entgegenzuwirken, indem sie die Lauf- und Radwettbewerbe zeitgleich starten ließ und es den Sportlern somit unmöglich machte an beiden Wettbewerben teilzunehmen. Hiermit wollte der DSBfA, der sich für die Leichtathletik ein bürgerlich-nationalbewusstes Publikum wünschte, sich von dem Radsport, der bei der Arbeiterschaft beliebt war, abgrenzen.

Zusammenschlusses war Ernst von Schenkendorff. Schenkendorff, E.v.: Bildung und Organisation des Zentralausschusses. In: Jahrbuch für Volks- und Jugendspiele 1 1892. S. 103-108.
[9] vgl. Habenicht, J.: Triathlon Sportgeschichte 1991. S. 29-31.
[10] Schmidt, F.A.: Anleitung zu Wettkämpfen, Spielen und turnerischen Vorführungen 1900. S.14.

Besonders hervorheben möchte ich an dieser Stelle die erfolgreiche Zusammenarbeit mehrerer Sportarten und Institutionen, als auch die gemeinsame Nutzung von Sportstätten (vgl. 3.4).

2.1.2.2. Entstehung des Freizeitsports in Deutschland

Neben der am Vorbild der Engländer orientieren Entwicklung des athletischen Sports hatte auch der Naturenthusiasmus und der zunehmende Drang nach weniger reglementierter Freizeitgestaltung starken Einfluss auf die Entwicklung des Sports um die Jahrhundertwende. Insbesondere die Jugendbewegung dieser Zeit, die Sportarten wie Wandern, Laufen, Radfahren und Schwimmen bevorzugte, gab wichtige Impulse. Naturbewegung, Geselligkeit und Erholung traten in den Vordergrund, der Wettkampfaspekt wurde in den Hintergrund gedrängt. In Ansätzen entstand hier der moderne Freizeitsport.[11] Obwohl das Leistungsprinzip bald wieder Oberhand gewann, hielt der Trend zum Sport in der Natur dennoch an und war gesellschaftspolitisch erwünscht. Um dem Müßiggang[12] der unteren Sozialschichten entgegenzuwirken, wurde bereits 1892 eine erste Freizeitkonferenz in Deutschland[13] einberufen, die unter dem Aspekt der „zweckmäßigen Verwendung des Sonntags und der Freizeit"[14] „die Erholung des Arbeiters außerhalb des Hauses in der guten Luft der frischen Natur..."[15] befürwortete. Dieser Trend lebte erneut in den 60/70er Jahren des 20. Jahrhunderts auf und wird als Beginn des Gesundheits- und Freizeitsports verortet[16] und ist als wichtige Entwicklungsstufe für die Sportart Triathlon anzusehen.[17]

Eine Betrachtung des heutigen gesellschaftspolitischen Stellenwerts der Sportart Triathlon findet sich im Abschnitt 3.2.4.

---

[11] vgl. Habenicht, J.: Triathlon Sportgeschichte 1991. S. 29-31.
[12] Dieser Begriff bezieht sich auf die Konratsrede Wilhelm des II. vom 24. Januar 1890, der in einer „Beschränkung der Arbeitszeit auch die Gefahr der Förderung des Müßigganges" sah. Eppstein, G.v. (Hrsg.): Fürst Bismarcks Entlassung 1920. S. 135.
[13] vgl. Reuleke, J.: Veredelung der Volkserholung und edle Geselligkeit. In: Huck, G.(Hrsg.): Sozialgeschichte der Freizeit 1982. S. 141-160.
[14] Böhmert, V.: Eine preusische Centralstelle für Arbeiterwohlfahrt 1891. In: Der Arbeiterfreund 29, 1891. S.133.
[15] ebenda
[16] vgl. Lang, S./ Müller-Andritzky, M.:Gesundheit und soziale Integration 1984. S.141-156.
[17] vgl. Habenicht, J.: Triathlon Sportgeschichte 1991. S. 31-33.

2.1.2.3. Ausbildung einer ersten Ausdauerbewegung mit Mehrkampftendenzen

Ausschlaggebend zur Entwicklung von Mehrkämpfen wird in Deutschland das Feldbergfest von 1847 gesehen. Hier wurde das Laufen in den Kanon des Wettturnens integriert. Der Mehrkampf passte in die Zeit, er entsprach sowohl dem Ideal turnerischer Tüchtigkeit, als auch der Tradition der Volksfeste mit ihren volkstümlichen Mehrkämpfen. Jedoch wurde erst 1879 das so genannte Volksturnen in die Wettkampfordnung der Deutschen Turnerschaft aufgenommen. 1880 wurde daraufhin der erste Sechskampf durchgeführt[18]. 1903 fand im Rahmen des Nürnberger Turnfestes ein gemischter Zehnkampf statt. Auch die DSBfA stellte sich nun auf die Seite des Mehrkampfes und führte Regeln für Veranstalter ein, um den Mehrkampf zu befördern. Ziel sollte laut Diem „die Herausbildung tüchtiger All(a)round-Athleten"[19] sein. International war die Entwicklung der (Ausdauer)mehrkämpfe bereits etwas weiter fortgeschritten. In Frankreich beispielsweise entwickelte Coubertin 1908 den modernen Fünfkampf, der einer zu einseitigen Spezialisierung der Athleten entgegenwirken sollte.[20] Coubertins Fünfkampf bestand aus den Disziplinen Reiten, Fechten, Schießen, Schwimmen und Laufen. Coubertin hätte das Schießen gerne durch das Rudern ersetzt, weil das Schießen seiner Meinung nach wenig Wert für die Körperertüchtigung hatte. Coubertin konnte sich mit dieser Einstellung jedoch nicht durchsetzen und so erstaunt es nicht, dass der moderne Fünfkampf in der Folge hauptsächlich als Ausdauerwettkampf für Offiziere und Polizisten angesehen wurde.

Auch in Deutschland stand die Entwicklung der Ausdauermehrkämpfe nicht still. Habenicht nennt in seiner *Triathlon Sportgeschichte* einen Wettkampf des FC Württemberg als Beispiel. Hier wurden die drei Sportarten Radfahren, Eislaufen und Fußball nacheinander durchgeführt.

Diese ungewöhnlich anmutende Kombination soll im Abschnitt 3.4 als Beispiel für die vielseitigen Einsatz- und Variationsmöglichkeiten im Kinder- und Jugendtraining dienen.

---

[18] vgl. Gasch, R.: Handbuch des gesamten Turnwesens, Bd. 2, 1928. S. 487.
[19] Diem, C.: Anleitung zur Veranstaltung athletischer Wettkämpfe. In: Athletik-Jahrbuch 1905. S. 76.
[20] vgl. Klein, R.: Die Geschichte des modernen Fünfkampfes bis zum Ende des 2. Weltkrieges. Diplomarbeit Köln 1986. S. 25.

2.1.2.4. Ausdauersport im Dritten Reich

Unter den Nationalsozialisten verlief die Entwicklung des Ausdauersports rückschrittlich. Aus umfänglichen Gründen werde ich das Thema Ausdauersport im Dritten Reich deshalb nur in einem kurzen Abschnitt behandeln. Eine differenziertere Ausführung hierzu findet sich bei Habe nicht, J.: Triathlon Sportgeschichte 1991.
Innerhalb kürzester Zeit wurde das, bis Anfang 1933 pluralistische Sportwesen, an die Führungsstruktur eines totalitären Staates angepasst. Im Vordergrund stand jetzt nicht mehr die Leistung einzelner, weder im Breitensport noch im Leistungssport, sondern die Massenertüchtigung und die Ausrichtung auf kampforientierte Charaktereigenschaften und die Wehrfähigkeit der Jungen und Männer. Den Mädchen und Frauen wurden lediglich in das Frauenbild der Nationalsozialisten passende sportliche Betätigungen wie z.B. Gymnastik zugebilligt, Ausdauersportarten zählten hierzu nicht.

2.1.2.5. Ausdauersport in den 60er Jahren

Nach einer mehr als dreißig Jahre andauernden Pause entstand in den 60er Jahren erneute eine erhöhte Bereitschaft zum Sporttreiben in der Bevölkerung. Diese wurde durch einen grundlegenden Wandel in der Breitensportkonzeption des Deutschen Sport Bundes (DSB)[21] als auch durch ein nun entstehendes Gesundheitsbewusstsein entfacht. Bewegungsmangel, Übergewicht und Stress wurden von der Sportmedizin als Ursachen von Zivilisationskrankheiten erkannt und Training, insbesondere Ausdauerbelastungen, als ein Ausweg aus dieser Negativspirale erkannt. In der Folge entstand zunächst in den USA und Neuseeland und, Mitte der sechziger Jahre auch in Deutschland, eine Langlaufbewegung. Als Wegbereiter dieser Ausdauerbewegung werden Ernst von Aaken aus Deutschland, Arthur Lydiard aus Neuseeland und Bill Bowermann aus den USA angesehen. Sie propagierten den Ausdauerlauf als gesündeste Sportart für Breiten- und LeistungssportlerInnen. Von Aaken befasste sich zudem mit den bislang kaum erwähnten Themen Laufsport für Kinder und Laufsport für Frauen.
1963 fand nach der rückschrittlichen Entwicklung des Ausdauersports im Nationalsozialismus der erste Volkslauf in Bobingen bei Augsburg statt. Seit dem hält

---

[21] vgl. Palm, J.: Sport für alle 1971. S. 59ff.

der Trend zu Langlaufveranstaltungen an. In den Anfängen dieser Ausdauerwettkämpfe wurden auch Gehen und Wandern angeboten. In den achtziger und neunziger Jahren wurden diese jedoch wegen zu geringer Beteiligung kaum noch ausgeschrieben. Seit Ende der neunziger Jahre entstand jedoch eine neue Walkingbewegung, die jetzt durch den Nordic Walking Trend abgelöst wurde. Diese beiden Sportarten ersetzen heute, im Bereich des organisierten Sports, fast vollständig das Wandern oder Gehen. Diese etwas weniger anstrengenden Formen des Ausdauersports sind, meines Erachtens, auch geeignet Kindern den Einstieg in den Sport zu erleichtern. Aus umfänglichen Gründen wird jedoch auf das Thema Nordic Walking mit Kindern im Rahmen dieser Arbeit nicht näher eingegangen. Auffallend ist weiterhin, dass an den ersten Volksläufen fast ausschließlich Männer teilnahmen. Frauen mussten, wenn sie teilnehmen wollten, oft gegen den Widerstand der Veranstalter an den Start gehen. Erst in den siebziger Jahren wandelte sich dieses Bild etwas, trotzdem dauerte es beispielsweise bis 1984 bis Frauen in der olympischen Disziplin Marathonlauf starten durften[22]. Trotzdem wird der Ausdauersport als Wegbereiter für eine höhere Beteiligung von Frauen am Sportgeschehen gesehen. Steigende prozentuale Teilnehmerzahlen von Frauen z.B. am Hamburg Marathon[23], aber auch an anderen Ausdauerveranstaltungen können dies belegen.

Des Weiteren kann die Ausdauerbewegung in den 60er und 70er Jahren als entscheidender Wegbereiter für die Triathlonentwicklung in Deutschland bezeichnet werden.[24]

2.1.2.6. Ausdauersport in Skandinavien

Neben der oben erwähnten Massensportbewegung Ausdauersport ist auch die skandinavische Ausdauerbewegung als Wegbereiter der Sportart Triathlon anzusehen. Grundstein dieser Bewegung war die Schwedische Gymnastik, ihr Begründer war Per Hendrik Ling (1776-1839). Der Schwerpunkt lag auf der militärischen und medizinischen Gymnastik mit so genannten körperbildenden Übungen zur Haltungsschulung[25]. Ihren Durchbruch erlebte sie jedoch erst in den

---

[22] Krämer H.: Marathon 1995. S. 117.
[23] 1993 waren 9,6 % der Teilnehmerinnen des Hamburg Marathons Frauen, im Jahr 2003 lag die Beteiligung der Frauen bereits bei 17 % (Schiöberg, K.: Statistik zu den Marathonläufen in Hamburg 1986-2003, 2004).
[24] vgl. Habenicht, J.: Triathlon Sportgeschichte 1991. S. 48-49.
[25] vgl. McIntosh, P.C.: Landmarks of Physical Education 1957. S.81-106.

20er Jahren durch die Erweiterung um läuferisches Langstreckentraining. In dieser Zeit dominierten die Skandinavier die internationalen Langstreckenwettbewerbe. Als Grund hierfür werden neue und zu jener Zeit revolutionäre Trainingsmethoden, wie beispielsweise die des Finnen Lauri Pihkala, Trainer von Paavo Nurmi, angesehen. Pihkala wandte sich von der Dauermethode als Trainingsform ab und riet seinen Athleten zu wechselnden Anstrengungen. „Die gesamte Front der Laufstrecken haben den gleichen Wert und man sollte sie wechseln und vielseitig angreifen."[26] Ebenfalls befürwortete er viele Wechsel innerhalb der Ausdauerlaufarten, wie beispielsweise Skilanglaufen, Gehen, Locker-Laufen und Cross-Country-Laufen. In der Folge entwickelte sich ein neuer, auch heute in Skandinavien noch sehr beliebter Zweig des Ausdauersports, der Orientierungslauf.

Bemerkenswert ist ebenfalls die deutsche Übernahme des zunächst in Schweden entwickelten Idrots-Märket – dem Sportabzeichen. 1907 als Volkssportabzeichen eingeführt, umfasste es neben Schnellkraftübungen, den Langstreckenlauf und das Schwimmen. In Schweden war dieses Abzeichen sehr populär. Die Bedingungen wurden von dem schwedischen Vorbild übernommen, damals wie heute waren 5 Bedingungen aus 5 Gruppen zu absolvieren, schwimmen war (und ist heute noch) obligatorisch. Einige Anforderungen (Weitsprung 4,75 m, Kugelstoßen 8,00 m) sind bis heute unverändert. Von einer Reise zu den Olympischen Spielen in Stockholm (1912) brachte Diem die Idee des Abzeichens mit nach Deutschland. Bereits 1913 führte der Deutsche Reichsausschuss für Olympische Spiele das deutsche Turn- und Sportabzeichen für Männer ein. 1921 folgte das Sportabzeichen für Frauen. 1925 das Reichsjugendabzeichen für männliche, 1927 für weibliche Jugendliche.[27]

Auch in Skandinavien führte der 2. Weltkrieg zu einer Stagnation der Entwicklung der Ausdauersportbewegung. Erst in den 70er Jahren erfuhren, bedingt durch die erneute Beliebtheit des Ausdauersports, die großen Ausdauerveranstaltungen, wie zum Beispiel der bereits seit 1922 bestehende Wasalauf in Schweden, wieder großen Zuspruch. 1970 wurden die bereist bestehenden Veranstaltungen, das Radrennen Vättern (300km), der Lindingö-Loppet, ein Geländelauf über 30 km, das Vansobro-Flussschwimmen (3km) und der bereits erwähnte Wasalauf, ein Skilanglaufrennen über 89 km, zu einem Ausdauervierkampf, dem Svensk-Klassiker, zusammengefasst. In Norwegen entstand eine ganz ähnliche Veranstaltung, der Norsk-Klassiker. Diese Ausdauermehrkämpfe fanden in Deutschland und in der

---

[26] Diem, C.: Weltgeschichte des Sports und der Leibeserziehung 1960. S. 785.

übrigen Welt Nachahmer und können als Wegbereiter der Sportart Triathlon bezeichnet werden.

Zusammenfassend sei bemerkt, dass der Ausdauersport in Skandinavien als Vorbild des deutschen Ausdauersports, insbesondere des Triathlon, gedient hat. Meiner Ansicht nach ist es auch weiterhin lohnenswert, die aktuelle Entwicklung, Trainingsmethodik, vor allem aber die Kultur des „Draußen - Lebens", als Beispiel sei hier des *friluftsliv*-Begriff der Norweger genannt, zu beobachten und bei einer Konzeption von Ausdauersport für Kinder in Deutschland mit einzubeziehen (vgl. 3.1.3).

2.1.3. Entstehung und Entwicklung des Triathlons in den USA

Im folgenden Abschnitt soll ein stark verkürzter Abriss der Entwicklungsgeschichte des Triathlonsports in den USA aufgezeigt werden. Wie bereits eingangs erwähnt, wird dieser Teil der Triathlonentwicklung oft in Form einer Legende zusammengefasst, bei der drei nach Hawaii versetzte Marinesoldaten in einem Kneipengespräch darüber stritten, welcher der bereits existierenden Ausdauerwettkämpfe, das 2,4 Meilen (3,86km) Waikiki Rough Water Schwimmen, das Around Oahu Radrennen über 112 Meilen (180km) sowie der Marathonlauf auf Honululu der anspruchsvollste seien. Aus dieser Bierlaune heraus sei eine Wette entstanden, die zur Absolvierung der drei Wettkämpfe hintereinander führte. Das ständige Wiederholen dieser stark verzerrten Darstellung führte und führt noch unweigerlich zu dem Ergebnis, dass dem Triathlon Attribute wie verrückt, unverantwortlich, männlich, unmenschlich, militärisch etc. zugeordnet werden. Alles in allem keine Eigenschaften, die den Triathlonsport zu einer für Breitensportler, Frauen und Kindern geeigneten Sportart erscheinen lassen. Eine sachlichere Beschreibung der gesamten Ausdauersportentwicklung und insbesondere der Entwicklung des Triathlonsports in den USA, könnte diese Sichtweise ganz entscheidend verändern.

Als Entstehungsort des Triathlons in den USA muss zunächst San Diego genannt werden.[28] Im Kalifornien der frühen siebziger Jahre waren die Themen Fitness, Joggen und Radfahren bereits etabliert. Ebenso gab es bereits eine existierende

---

[27] vgl. Diem, C.: Handbuch der Leibesübungen, Bd.1, 1923. S. 127ff.
[28] vgl. Klaeren, K.: Der Triathlon Ratgeber 1988; Engelhardt, M.: Triathlon perfekt 1987; Habenicht, J.: Triathlon Sportgeschichte 1991; Neumann, G.: Das große Buch vom Triathlon 2004.

Surf- und Schwimmszene. Habenicht beschreibt zudem so genannte Survival Trials als Vorstufe des Triathlonsports in den USA. „Es handelt sich in der Grundform um Staatsdurchquerungen ohne fremde Hilfe - zu Fuß, mit dem Kanu, Hundeschlitten, Ski, usw. Die bekanntesten sind heute noch der Alaska Trial und der Arizona Trial".[29]
In der Folge entstand „ein dem heutigen Triathlon ähnlicher Mehrkampf, der den Grundsatz beinhaltete, dass fremde Hilfe nicht erlaubt sei. In diesem Grundsatz lässt sich das Gedankengut der Survivalidee wieder erkennen."[30]
Dieser Grundsatz ist noch heute in der Wettkampfordnung der DTU (Deutschen Triathlon Union) verankert, wird aber in Kinder- und Jugendwettkämpfen nicht angewandt.
Der Mission Bay Triathlon des San Diego Track Clubs im Jahr 1974 wird dann als erster echter Triathlon beschrieben, obgleich das nur für Einzelstarter ausgeschriebene Rennen, noch über andere Distanzen stattfand (2,8 Meilen Laufen, 5,4 Meilen Radfahren, 0,25 Meilen Schwimmen, 2 Meilen Laufen und nochmals 0,25 Meilen Schwimmen) und fünf Strecken beinhaltete. 1975 folgte dann ebenfalls in der Mission Bay, der erste dokumentierte Triathlon in dem die Teilnehmer in allen drei, heute üblichen Disziplinen, miteinander konkurrierten (0,5 Meilen Schwimmen, 5 Meilen Radfahren, 5 Meilen Laufen). Demzufolge existierte der Triathlon bereits vor dem berüchtigten ersten Ironman auf Hawaii. Nicht zu verleugnen bleibt jedoch die Tatsache, dass die Sportart Triathlon erst durch diesen zu ihrem heutigen Bekanntheitsgrad gelangt ist. Deshalb hier eine kurze Zusammenfassung der Entstehung des so genannten Ironman:

2.1.4. Entstehung des Ironman

Die Entstehungsgeschichte des Ironman beginnt ebenfalls in San Diego. Dort befindet sich ein Stützpunkt für Marineeinheiten. Einer der Ausbilder, Moki Martin, ein gebürtiger Hawaiianer, war unzufrieden mit dem derzeitigen Ausbildungsplan der Marines, der hauptsächlich Gymnastik, und lange Sandläufe mit Kampfausrüstung beinhaltete. Folge dieses Trainings war eine Häufung von Knie- und Schienbeinproblemen. Martin beschloss deshalb, Triathlontraining und -wettkämpfe in die Ausbildung der Soldaten aufzunehmen. John Dunbar, einer der auf diese Art

---
[29] Habenicht, J.: Triathlon Sportgeschichte 1991. S. 54.
[30] ebenda

ausgebildeten Marinesoldaten, wurde im Anschluss an seine Ausbildung nach Hawaii versetzt und gehörte dann im Jahr 1977 zu den drei Offizieren, die den ersten Ironman auf Hawaii organisierten und durchführten. Nach Vorbild der Triathlonveranstaltungen in San Diego wurde beschlossen, drei auf der Insel bereits existierende Veranstaltungen zu einer zusammenzufassen. Es handelte sich hierbei um die bereits eingangs erwähnten Veranstaltungen: den 2,4 Meilen Waikiki Rough Water Swim, das 112 Meilen Around Oahu Bike Race und den Honolulu Marathon.

Im Februar 1978 wurde die Veranstaltung zum ersten Mal durchführt. Das Startgeld betrug drei Dollar, von 15 Startern erreichten 12 das Ziel. Bereits im zweiten Jahr wurde die Veranstaltung professioneller organisiert, das Teilnehmerfeld verdoppelte sich und es gingen zwei Frauen an den Start. Im dritten Jahr erlebte der Ironman mit einem Fernsehbericht auf ABC[31] seinen Durchbruch und von nun an explodierten die Teilnehmerzahlen. Die Marke und der Mythos Ironman wurden manifestiert.[32]

Auch wenn die Ironmandistanz im Bereich das Kindertriathlon, wie bereits erwähnt, keine Relevanz hat, ist doch der Einfluss dieser Marke und medial präsenten Veranstaltungen (mittlerweile weltweit) auch auf Kinder, wie deren Eltern, nicht zu unterschätzen. Eine kritische Betrachtung dieser Tatsache findet sich in Abschnitt 3.2.4.

2.1.5. Entstehung und Entwicklung des Triathlons in Deutschland

Die Entstehung des Triathlons, aus den Ausdauermehrkämpfen, ist wie bereits in 2.1.2 beschrieben, kein nur auf den nordamerikanischen Raum beschränktes Phänomen. Im Folgenden soll die Entwicklung des Triathlons und seinen Strukturen in Deutschland skizziert werden. Aus umfänglichen Gründen gehe ich auf die Genese des Triathlonsports (dort auch Ausdauer-3-Kampf genannt) in der ehemaligen DDR nicht ein. Weiterführende Literatur zu diesem Thema findet sich bei Habenicht, J.: Triathlon Sportgeschichte (1991).

---

[31] ABC, American Broadcast Company, großer Fernsehsender mit Übertragung in den USA, Canada und diverse englischsprachige Länder.
[32] vgl. Habenicht, J.: Triathlon Sportgeschichte 1991. S. 58-59

2.1.5.1. Entstehung und Entwicklung der Ausdauermehrkämpfe

In Deutschland fanden reine Ausdauermehrkämpfe nach fast vierzig jähriger Unterbrechung, wie in Abschnitt 2.1.2.4 beschrieben, erstmals wieder Mitte der 70er Jahre statt. Es entstanden zunächst drei unterschiedliche Modelle, die Habenicht in folgende entwicklungsgeschichtliche Chronologie einordnet:

- „Vier- und Fünfkämpfe, in denen Wintersportarten (meist Skilanglauf) einbezogen werden und deren Einzeldisziplinen über das ganze Jahr verteilt sind (Süddeutschland).
- Vierkämpfe, die innerhalb einer Woche ausgetragen werden, aber im Sommer stattfinden und deshalb zwangsläufig auf Wintersportarten verzichten müssen (Nord- und Süddeutschland).
- Dreikämpfe, die zwar an einem Tag oder einem Wochenende stattfinden, aber noch keine zeitliche Verbindungen der Disziplinen als ``Nonstop´´- Wettkampf kennen (Bayern)[33].

Diese drei Modelle können als Vorläufer des deutschen Triathlons bezeichnet werden.

2.1.5.2. Erste Triathlonveranstaltungen in Deutschland und Entstehung der Verbandsstrukturen

Die erste Triathlonveranstaltung in Deutschland fand 1982 in Essen statt. Die Streckenlängen betrugen 1 km Schwimmen, 70 km Radfahren und 10 km Laufen. Es folgten im selben Jahr sechs weitere Veranstaltungen mit insgesamt 300 Teilnehmern. Im Folgejahr verdoppelte sich die Zahl der Veranstaltungen, während sich die Teilnehmerzahl verzehnfachte[34]. Dieser Trend setzte sich bis ins Jahr 1986 fort, wo in Westdeutschland 180 Veranstaltungen mit insgesamt 30000 Teilnehmern stattfanden. Trotz dieser positiven Resonanz von Seiten der Aktiven schritt die strukturelle Entwicklung der Sportart nur sehr langsam voran. Grund hierfür waren, hier nur am Rande erwähnte, Probleme im Aufbau einer bundesweiten Verbandsstruktur. Zusammenfassend kann dieses Problem wie folgt beschrieben

---

[33] Habenicht, J.: Triathlon Sportgeschichte 1991. S. 96.

werden: Aufgrund von unterschiedlichen, meist kommerziellen oder machtpolitischen Motivationen, wurden innerhalb kürzester Zeit zwei Bundesverbände gegründet, die erst im Jahr 1985 fusioniert wurden. Der Gründung dieser Bundesverbände ging nicht, wie sonst üblich, die Gründung von mehreren Landesverbänden voraus, die ihrerseits wiederum aus der Strukturierung diverser Vereine eines Bundeslandes entstehen sollten. Es erfolgte also eine strukturelle Entwicklung der Sportart von oben nach unten, die diverse, teilweise noch heute existierende Probleme mit sich brachte. Hierzu gehören unter anderem die sehr verzögerte Aufnahme in den Deutschen Sport Bund (DSB) 1987, die fast zwei Jahrzehnte dauernde Aufnahme der Sportart in den Olympischen Kanon, 2000, und vor allem der fehlende Bezug der Aktiven zu ihren Dachverband, der m.E. bis heute andauert.

Für eine gewünschte positive Entwicklung der Nachwuchsarbeit muss auch auf eine funktionierende Verbandsstruktur zurückgegriffen werden können, inwieweit hier, insbesondere beim Hamburger Landesverband (HHTV), Defizite vorhanden sind, wird in Abschnitt 3.3 diskutiert.

2.1.5.3. Aktuelle Entwicklungstendenzen im Triathlonsport

Nach einer Stagnation der Entwicklung der Teilnahme an Veranstaltungen und auch der Mitgliederzahlen in den Vereinen, erlebt die Sportart seit 2002 wieder einen positiven Entwicklungstrend. Als Grund hierfür muss die Entstehung der Großveranstaltungen gesehen werden, die ganz nach dem Vorbild bei Radrennen oder Marathon, Breiten- und Profisportveranstaltungen zu so genannten Events vereinen. Diese Veranstaltungen ziehen nicht wie in den 80er und 90er Jahren üblich Hunderte von Teilnehmern an, sondern sind konzipiert Tausende von Teilnehmern anzusprechen.

Die Folgen dieser Entwicklung sind aus meiner Sicht sowohl positiv als auch negativ zu bewerten (vgl.3.2.4).

2.2. Zusammenfassung der Entwicklungstendenzen

Auch eine noch relativ junge Sportart wie der Triathlon bringt bereits eine lange Entwicklungsgeschichte mit sich. Um die Betrachtung dieser Entwicklung für diese

---

[34] vgl. Wachter, G.: Faszination Triathlon 1987. S.9.

Arbeit nutzbar zu machen, sollen sie an dieser Stelle nochmals unter der folgenden Überschriften zusammengefasst und dann, im Laufe der Arbeit, in die Konzeption einer zeitgemäßen Kinder- und Jugendarbeit im Triathlon eingebracht werden:
Zuerst seien die **pädagogische und gesellschaftliche Aspekte** genannt, unter diese fallen:

- der Umgang mit der Ausführung einer wettkampforientierten Sportart
- geschlechtsspezifische Unterschiede in der Heranführung und Durchführung der Sportart
- Probleme und Chancen einer Individualsportart in der Ausbildung von sozialen Kompetenzen
- Voreingenommenheit von Eltern und Kindern gegenüber der Sportart
- gesellschaftlicher Stellenwert der Sportart
- Körperbild der Triathleten
- Eventisierung der Sportart
- Auswirkungen auf das Sport(er)leben und das Gesundheitsbewusstsein

Des Weiteren soll auf **sportwissenschaftliche Grundlagen und Anforderungen** eingegangen werden. Die historische Betrachtung gibt hierzu folgende Denkansätze:

- physische und psychische Voraussetzungen von Kindern für den Ausdauersport
- Grundlagen der vielseitigen sportliche Ausbildung
- *friluftsliv*

In einem kurzen Exkurs sollen auch die **strukturellen Voraussetzungen (Vereins- und Verbandsstrukturen),** insbesondere der Jugendarbeit in Hamburg, betrachtet werden.

Abschließend soll die Betrachtung der bisherigen **Organisation und Durchführung** von Ausdauerveranstaltungen in das eigene Konzept einfließen, hier sei insbesondere die Zusammenarbeit mehrerer Sportarten und Institutionen zur gemeinsamen Nutzung von Sportanlagen und anderen Ressourcen zu genannt.

3. Anforderungen an ein Konzept für Kinder- und Jugendtriathlon

Auf der Grundlage der kritischen Reflexion und der im 2. Kapitel beschriebenen historischen Voraussetzungen, sollen in diesem Kapitel die Anforderungen an ein Konzept für den Triathlon im Kindes- und Jugendalter aufgezeigt werden. Diese Anforderungen werden dann im 4. Kapitel beispielhaft auf die praktische Arbeit mit Kindern angewandt.

3.1. Sportwissenschaftliche Anforderungen an das Konzept

In den Abschnitten 3.1.1 – 3.1.3 werden die m.E. aus sportwissenschaftlicher Sicht bedeutenden Anforderungen an das vorliegende Konzept aufgezeigt. Behandelt wird an dieser Stelle zunächst die Frage nach der physischen Eignung von Kindern und Jugendlichen zum Ausdauersport. Es folgt die Diskussion der Notwendigkeit einer vielseitigen sportlichen Ausbildung, sowie ein Exkurs in das norwegische Bewegungskulturphänomen *friluftsliv*.

3.1.1. Physische Voraussetzungen von Kindern und Jugendlichen für den Ausdauersport

Bis vor wenigen Jahrzehnten wurde noch vor der Überbeanspruchung von Kindern und Jugendlichen durch zu lange Belastungsdauer gewarnt. Heute hat sich dieses Bild weitestgehend geändert. Im Vordergrund der kritischen Betrachtung von Ausdauersport im Kindes- und Jugendalter steht nun vielmehr die Anwendung zu hoher Belastungsintensitäten (bei kurzen Belastungszeiten) und die allgemeine Unterbeanspruchung durch Bewegungstätigkeiten im Alltag und im üblichen Schulsport.[35]

Heute vertreten verschiedenen Autoren die Meinung, dass Kinder und Jugendliche physisch für die Durchführung von Ausdauersport geeignet sind und dass in der Folge eines regelmäßig durchgeführten Ausdauertrainings Adaptionsprozesse stattfinden, die, sowohl im Bezug auf gesundheitliche als auch leistungsorientierte Faktoren, als positiv zu bewerten sind.[36]

---

[35] vgl. Grosser, M.: Das neue Konditionstraining. 2001. S. 217.
[36] vgl. Weineck, J.: Optimales Training 2004, Martin, D.: Handbuch Kinder- und Jugendtraining 1999; Grosser, M.: Das neue Konditionstraining 2004.

Im Vergleich von Kindern bzw. Jugendlichen mit Erwachsenen werden sowohl Parallelen als auch Unterschiede in der Trainierbarkeit der einzelnen, die Ausdauerfähigkeit bestimmenden Faktoren, festgestellt. Diese sollen im ersten Abschnitt dieses Kapitels aufgezeigt und als entscheidende Grundlagen in das Konzept einbezogen werden.

3.1.1.1. Die Trainierbarkeit der aeroben Ausdauerleistungsfähigkeit

Die biologischen Voraussetzungen zur Trainierbarkeit der aeroben Ausdauerleistungsfähigkeit sind bereits im Kindesalter sehr günstig, bestätigt wird diese These durch folgende Feststellungen:

- Das Herz-Kreislauf-System reagiert auf Ausdauerbelastungen wie bei Erwachsenen, allerdings erfolgt die Anpassung schneller. Nach Klimt[37] erreichen 5-12jährige bereits 30 Sekunden nach Beginn der Maximalbelastung ca. 50% ihrer maximalen Sauerstoffaufnahme, während es beim Erwachsenen lediglich 33% sind.

- Bei Kindern und Jugendlichen sind sehr hohe Belastungsherzfrequenzen von 200/min und darüber normal, da bereits hohe Ruheherzfrequenzen vorliegen. In der Konsequenz bedeutet das für trainingswirksame Belastungsherzfrequenzen ebenfalls wesentlich höhere Werte als bei Erwachsenen. Neben den üblichen Problemen von allgemeingültigen Vorgaben (wie individuell unterschiedliche maximale Herzfrequenzwerte) für ein herzfrequenzgesteuertes Training, wie sie auch bei älteren Sportlern auftreten, ist bei Kindern die Belastungsintensität anhand der Belastungherzfrequenzen schlecht feststellbar, da es kaum Unterschiede in der Herzfrequenzhöhe von Trainierten und Untrainierten gibt. Sinnvoller und in der Praxis auch besser durchführbar erscheint hier eine Steuerung der Belastungsintensität über die (individuelle) Fortbewegungsgeschwindigkeit oder das subjektive Belastungsempfinden unter Zuhilfenahme von Tabellen zur altersstufengemäßen Belastung (s. Abb. 2) oder der Borg Skala (s. Abb.3).

---

[37] vgl. Klimt et al. 1975, S. 163.

Tabelle Vorschläge zur altersstufengemäßen Belastungsintensität anhand der Laufgeschwindigkeit (km/h) für 12- bis 30-minütige Belastungsdauer (modifiziert nach BUSCHMANN 1986, 57)

Altersstufen-gemäße Belastungen		12-Minuten-Lauf		30-Minuten-Lauf	
	Alter (Jahre)	Jungen	Mädchen	Jungen	Mädchen
	7	8–10,5		8–9	
	8	10,75	10	9,75	9,25
	9	11	10	10	9,75
	10	11,5	10,5	10,5	9,75
	11	11,75	10,5	10,75	10
	12	11,75	10,75	11	10
	13	12,25	11	11,5	10,5
	14	12,5	11,5	11,75	10,75
	15	12,5	11,75	12,25	10,75
	16	13,0	11,75	12,5	10,75

Abbildung 2: Altersstufengemäße Belastungen. In: Grosser, M.: Das neue Konditionstraining. München. 2004. S. 222.

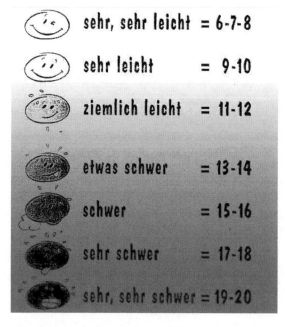

Abbildung 3: Borg Skala, Stemper, T.: Marathontraining 2004. In: http://www.drstemper.de, Zugriff 2.12.2005.

- Die relative, d.h. körpergewichtsbezogene, Herzgröße ist mit der von Erwachsenen vergleichbar. Als Normwert untrainierter Kinder wird 12ml/kg bezeichnet. Ausdauertrainierte Kinder erreichen Werte zwischen 14,9 und 18,1ml/kg[38]. Relative Herzgrößen ab 14ml/kg werden als Sportherzen bezeichnet. Die Sportherzbildung ist jedoch auf das so genannte kritische Herzgewicht [39]begrenzt, so dass auch hier keine negativen Folgen auf das kindliche Herz zu befürchten sind.[40]

- Die relative maximale Sauerstoffaufnahme, d.h. die auf das Körpergewicht bezogene maximale Sauerstoffaufnahme (VO2max/ml/kg/min), wird im Allgemeinen als bezeichnendes Kriterium für die Ausdauerleistungsfähigkeit beschrieben. Der Normwert für untrainierte Kinder wird bei 40-48ml/kg/min angesetzt. Ausdauertrainierte Kinder weisen Werte bis 60 ml/kg/min auf. Das entspricht den Werten von ausdauertrainierten Erwachsenen. Weineck, Martin und Grosser folgern hieraus gleichlautend, dass die aerobe Kapazität von Kindern und Jugendlichen auf gleichem Niveau trainierbar sei wie die von Erwachsenen. [41]

- In Bezug auf den Muskelstoffwechsel liegen bei Kindern gute Voraussetzungen für aerobe Leistungsfähigkeit vor.[42] Keul[43] und Koinzer[44] schlussfolgern aus ihren Studien, dass Kinder eine höhere Oxidationsrate von freien Fettsäuren haben. Bedingt zu sein scheint dies durch eine noch nicht voll entwickelte glykolitische Kapazität und durch eine erhöhte Katecholamin- und Wachstumshormonausschüttung (vgl. Abschnitt 3.1.1.2).

- Die Thermoregulation ist bei Kindern noch nicht voll ausgebildet. Im Vergleich zum Erwachsenen haben Kinder eine, durch noch nicht voll entwickelte Schweißdrüsen bedingte, geringere Schweißsekretion. Dies führt zu einer

---

[38] vgl. Chrustschow et al. 1975.
[39] Kritisches Herzgewicht:Gewicht bis zu dem das Herz bei Belastung mit Hypertrophie reagiert, danach kommt es zur Hyperplasie.
[40] vgl. Martin et al. 1999.
[41] vgl. Weineck, J.: Optimales Training 2004, Martin, D.: Handbuch Kinder- und Jugendtraining 1999; Grosser, M.: Das neue Konditionstraining 2004.
[42] vgl. Grosser et al. 2004.
[43] vgl. Keul, J., et al.: Der Einfluß eines fünfjährigen Ausdauertrainings auf Kreislauf und Stoffwechsel bei Kindern. in: Deutsche Zeitschrift für Sportmedizin 33 (1982) 8, S. 264-270.

geringeren Wärmeabfuhr durch Verdunstung. Um dies zu kompensieren, erfolgt bei Kindern ein vermehrter Bluttransport zur Haut (Wärmeabstrahlung) und es wird eine verstärkte Atmung (Abatmung von Wärme durch flache und schnelle Atemzüge) notwendig. Beide Faktoren beeinträchtigen die kindliche Ausdauerleistungsfähigkeit, insbesondere bei Wärme. Obwohl die Thermoregulation trainingsbedingten Anpassungen obliegt, bleiben im Kindesalter stets Unterschiede zu Erwachsenen bestehen.[45] Besonders wichtig ist somit eine regelmäßige und rechtzeitige Flüssigkeitszufuhr und eine Beschränkung der Ausdaueraktivitäten von Kindern bei sehr hohen Außentemperaturen.

Zusammenfassend lässt sich also feststellen, dass Kinder und Jugendliche bei Beachtung einiger altersbedingter Besonderheiten, bei aeroben Trainingsbelastungen die gleichen Adaptionserscheinungen zeigen wie Erwachsene. Weineck fasst dies wie folgt zusammen: „Kinder und Jugendliche sind demnach sowohl aus kardiopulmonaler als auch aus metabolischer Sicht hervorragend für Ausdauerbelastungen im aeroben Bereich geeignet".[46] Er bemerkt jedoch auch, dass es nicht ausreicht diese Eignung festzustellen: „Wer Kinder und Jugendliche für ein Ausdauertraining gewinnen bzw. sie an ein Ausdauertraining heranführen will, muss von Beginn an charakteristische Ausdauerprobleme für diese Altersstufe vermeiden bzw. minimieren, nämlich das Moment der Monotonie und Langweile, das stets mit längeren Belastungen verbunden ist, sowie das Moment des Schmerzhaften, Quälerischen, das sich ebenfalls meist mit Ausdaueranforderungen in Verbindung bringen lässt."[47] Praxisrelevante Vorschläge hierzu werden im 4. Kapitel dieser Arbeit erörtert.

---

[44] vgl. Koinzer, K.: Energetischer Metabolismus und dessen hormonelle Steuerung bei Kindern und Jugendlichen während Ausdauerbelastungen. In: Medizin und Sport 27 (1987) 7, S. 208-210.
[45] vgl. Grosser et al. 2004.
[46] Weineck, J.: Optimales Training. 2004. S. 215.
[47] ebenda. S. 217.

3.1.1.2. Die Trainierbarkeit der anaeroben Ausdauerleistungsfähigkeit

Im Gegensatz zur aeroben Kapazität liegen bei der aneroben Ausdauerfähigkeit bei Kindern und Jugendlichen wesentlich ungünstigere Voraussetzungen vor. Grosser[48] führt dazu folgende Erkenntnisse an:

- Kinder haben im Vergleich zum Erwachsenen einen kleineren Phosphatvorrat in der Muskelzelle. Dies bedingt einen früheren Rückgriff auf die glykolytische (laktazide) Energieproduktion.

- Laut Kindermann[49] ist die anaerobe Glykolyse, d.h. die Fähigkeit zur Laktatproduktion, im Kindes- und Jugendalter herabgesetzt. Dies ist bedingt durch die geringe Menge des dafür erforderlichen Schlüsselenzyms. Erst mit der Pubertät kommt es zu einem Anstieg. In der Folge können Kinder und Jugendliche nicht die gleichen Laktatmengen bilden wie Erwachsene.

- Außerdem ist im Vergleich zum Erwachsenen für eine gleich große Laktatmenge eine deutlich höhere Katecholaminausschüttung notwendig. Lehmann[50] hat bei Kindern in anaeroben Belastungsituationen bis zu 10fach erhöhte Adrenalin- und Noradrenalinspiegel festgestellt. Werte in dieser Höhe führen Kinder und Jugendliche an die Grenze und nicht selten über die Grenze ihrer psychophysischen Belastbarkeit hinaus. Es bedarf m.E. keiner weiteren Erläuterungen um festzuhalten, dass vergleichbare Belastungen im Kinder- und Jugendtraining keinen Platz haben sollten.

- Des Weiteren kann der wachsende Organismus Laktat nur verzögert abbauen. Nach einer Studie von Klimt[51] haben beispielsweise 8- bis 9-Jährige erst eine Stunde nach der Absolvierung eines 800 Meterlaufs wieder Laktatwerte auf Ausgangsniveau erreicht. Bei Erwachsenen beträgt die Laktathalbwertszeit bei einem angenommenen Laktatanstieg auf 10 mmol/l, unter ungünstigsten Voraussetzungen, dagegen nur ca. 15 min.

---

[48] vgl. Grosser et al. 2004.
[49] vgl. Kindermann et al. 1978, S. 222.
[50] vgl. Lehmann et al. 1980, S.230.
[51] vgl. Klimt et al. 1973.

Folglich sind anaerobe Belastungen nicht als kindgemäß anzusehen. Um so mehr erstaunt allerdings ein Blick auf die Wettkampfordnung des DLV (Deutscher Leichtathletik Verband) oder die Vorgaben für die an vielen Schulen durchgeführten so genannten Bundesjugendspiele. Selbst in „neuen Bundesjugendspielen"[52] einer jüngst herausgebrachten modernisierten Ausgabe der Bundesjugendspiele ist der 800m Lauf (ein von Dauer und Intensität als anaerobe Belastung einzustufende Wettkampfstrecke) noch wesentlicher Bestandteil. Im Wettkampfkalender des DLV z.B. gehören 800m (Schüler/Jugend weiblich) bzw. 1000m (Schüler/Jugend männlich) Läufe zum Standardrepertoire für 8- bis 15-Jährige.

3.1.1.3. Sonstige Voraussetzungen

Da konditionelle Voraussetzungen wie Ausdauer nie isoliert auftreten und demzufolge auch nicht alleinig trainiert werden können, soll in diesem Abschnitt auf weitere kindliche Voraussetzungen zur Bewegung eingegangen werden.

3.1.1.3.1. Bewegungsökonomie bei Vortriebsbewegungen

Ausdauerleistungen werden grundsätzlich über Antriebsleistungen der Vortriebstechniken realisiert.[53] Im Triathlon bedeutet das vereinfacht ausgedrückt: Wie lange kann geschwommen, Rad gefahren oder gelaufen werden. Eine entscheidende Rolle spielt hierbei die Ökonomie der Vortriebsbewegung. Mader und Hollman gehen sogar so weit zu behaupten, dass: "... eine unökonomische, unzweckmäßige Vortriebstechnik bei einer Ausdauerleistung auch nicht durch eine hohe Sauerstoffaufnahmefähigkeit ausgleichbar [sei] und eine hohe Sauerstoffaufnahme kein Garant für eine hohe Umsatzrate bei Ausdauerleistungen mit unwirksamer Vortriebstechnik (sei)" [54]. Daraus lässt sich folgern, dass durch Schulung der Vortriebstechniken (Schwimmtechnik, Lauftechnik, Pedaliertechnik) höhere Geschwindigkeiten in den drei Triathlondisziplinen erreicht werden können. Dies ist bei einer Betrachtung aus leistungsorientierter Sicht ein nicht zu vernachlässigender Punkt, insbesondere da anzunehmen ist, dass eine als Kind

---

[52] vgl. www.bundesjugendspiele.de, aufgerufen am 12.12.2005.
[53] vgl. Martin et al. 1999, S. 123.
[54] Mader & Hollmann 1977, S. 1.

erlernte Vortriebstechnik von so grundlegenden Bewegungsmustern wie Laufen, Schwimmen und Rad fahren in der Regel auch im Erwachsenenalter beibehalten wird. Ausgehend von der Zielsetzung dieser Arbeit, dem Ausdauersport bereits im Kindes- und Jugendalter einen festen Standort im Alltag der Betroffenen zu sichern, erscheint eine gesundheitsorientierte Betrachtungsweise jedoch noch relevanter. Hierbei ist darauf hinzuweisen, dass gerade bei zyklischen Vortriebstechniken, die in einer Belastungsstunde tausende Wiederholungen hervorrufen, auf eine achsengerechte und muskulär stabilisierte Ausführung der Bewegungen zu achten ist, um Fehlbelastungen und in der Folge Überlastungsschäden vorzubeugen.

3.1.1.3.2. Körpergewicht

Martin konstatiert, dass: „Kinder ein günstigeres Verhältnis von Körperhöhe und Körpermasse als Erwachsene (haben), was zu einem besseren Last-Leistungsverhältnis und damit zu geringeren Belastungen des Stütz- und Bewegungsapparates führt."[55]
In den meisten Fällen, kann dieses günstige Verhältnis von Körpergewicht zu Körperhöhe als Vorteil der Kinder in der Ausführung von Ausdauerbelastungen gewertet werden. Fraglich bleibt aber, wie auch im Bereich des Erwachsenensports, wie mit übergewichtigen Kindern umzugehen ist, auf die ja dieses Argument nicht zutreffen kann. Im Rahmen dieser Arbeit wird nicht explizit auf die Heranführung übergewichtiger Kinder und Jugendlicher an Ausdauerbelastungen eingegangen, da das vorliegende Konzept eher der Prävention von Übergewicht im Altersgang dienen soll, als sich konkret mit der Problematik des Sporttreibens von bereits übergewichtigen Kindern zu beschäftigen. Es sei jedoch darauf hingewiesen, das die Triathlondisziplinen Schwimmen und Rad fahren den leicht übergewichtigen Kindern im Praxisversuch (vgl. Kapitel 4) wenig Probleme bereiteten. Lediglich das Laufen und einige laufintensive Spiele mussten von diesen Kindern „walkend", d.h. schnellgehend absolviert werden. Zu dem Thema Sport mit übergewichtigen Kindern und Jugendlichen liegt eine Vielzahl von Ausarbeitungen vor. (siehe z.B. Dobe, M., Kersting, M., Reinehr, T.: Therapie der Adipositas im Kindes- und Jugendalter. Das Adipositas-Schulungsprogramm OBELDICKS. Göttingen 2003; Salzmann, A.: Zur Wirksamkeit erlebnispädagogischer Aktivitäten in der Adipositastherapie.

---

[55] vgl. Martin et al. 1999, S. 138.

Identitätsförderung bei adipösen Jugendlichen. Hamburg 2001; Kempf, J.: Probleme der Adipositas im Kindes- und Jugendalter - Wege in der Therapie und die besondere Bedeutung der Bewegung. Examensarbeit, Hamburg 2005)

3.1.1.3.3. Haltemuskulatur

Kinder- und Jugendliche fallen fast ausnahmslos durch eine Schwäche der Haltemuskulatur auf. Grosser[56] geht so weit, 65 % aller Kinder im Alter zwischen 9-12 Jahren als haltungsschwach zu bezeichnen.
Unabhängig vom Alter der Trainierenden wird im Ausdauersport die Bedeutung einer gut ausgeprägten Halte- oder Rumpfmuskulatur (Rückenmuskulatur, Bauchmuskulatur, die auf die Hüftgelenke wirkende Muskulatur, sowie die Muskulatur des Schultergürtels) immer deutlicher hervorgehoben. Die Rumpfmuskulatur erfüllt dabei folgende Funktionen:

- Widerlagerfunktion: Eine kräftige Rumpfmuskulatur stabilisiert das Becken während der zyklischen Bewegungen beim Schwimmen, Rad fahren und Laufen. Ausweichbewegungen werden dadurch reduziert.
- Kopplungs- bzw. Übertragungsfunktion: Die Rumpfmuskulatur überträgt über Muskelschlingen die in Armen und Beinen entwickelte Kraft vortriebswirksam.
- Schutzfunktion: Eine kräftige Rumpfmuskulatur entlastet das Stütz- und Bewegungssystem, insbesondere die Wirbelsäule und schützt so vor Fehl- und Überbeanspruchungen [57].

Aus den oben genannten Funktionen der Rumpfmuskulatur lässt sich die dringende Notwendigkeit des Trainings dieser Muskelgruppen ableiten. Im Anhang werden Literaturhinweise für die praktische Durchführung eines Trainings der Haltemuskulatur gegeben.
Ich beende an dieser Stelle die Ausführungen zu physischen Voraussetzungen und Anforderungen an das Konzept. In dem folgenden Abschnitt werde ich das diesem Konzept zu Grunde liegenden Verständnis einer, aus sportwissenschaftlicher Sicht, vielseitigen und handlungsorientierten Ausbildung, darlegen.

---

[56] vgl. Grosser et al. 2004, S. 186.

3.1.2. Grundlagen der vielseitigen, handlungsorientierten sportliche Ausbildung

Dass eine vielseitige sportliche Ausbildung gegenüber einer frühen Spezialisierung viele Vorteile (Ausschöpfung des Leistungspotentials, Kreativität und Flexibilität im Bewegungshandeln etc.) mit sich bringt, wird heute kaum noch angezweifelt. Auf die Ausführung der verschiedenen Forschungsansätze zum Thema, werde ich jedoch aufgrund der Themenkomplexität verzichten. (vgl. z.B Kröger, C.; Roth, K. Ballschule: ein ABC für Spielanfänger. Schorndorf 1999 oder Munzert, J.: Flexibilität des Handelns Köln 1989) Neben den o.g. Vorteilen soll jedoch noch ein, m.E. maßgeblicher Grund, für das Einfordern einer vielseitigen sportlichen Ausbildung erwähnt werden. Weinberg verweist in diesem Zusammenhang auf den Aspekt der Persönlichkeitsentwicklung im Lebensverlauf. In Bezugnahme auf Holzkamp (1979)[58] beschreibt Weinberg Persönlichkeit: „im Unterschied zu den objektiven Bedingungen der Außenwelt das subjektive, innere Element von menschlichen Tätigkeiten (Arbeit, Lernen, Sport u.a.)... alle menschlichen Tätigkeiten (...) sowie die Summe aller individuellen Erfahrungen, alles Wissen und Können (...) machen schließlich die Persönlichkeit aus,...)[59] Ausgehend von diesem Verständnis von Persönlichkeit und Persönlichkeitsentwicklung befinden sich Kinder- und Jugendliche erst am Anfang dieses Prozesses. Eine von Lehrern, Eltern oder Trainern bestimmte frühe Spezialisierung, würde also folglich als Einschränkung der Persönlichkeitsentwicklung zu deuten sein. Eine solche Einschränkung ist m.E. unvereinbar mit dem eingangs formulierten Ziel des vorliegenden Konzepts, ein freudvolles, eigenmotiviertes, gesundheitsorientiertes und lebenslanges Sporttreiben zu befördern. Im Folgenden beziehe ich mich deshalb auf ein Techniktraining nach Nagel und Wulkop (1992). Nagel und Wulkop bezeichnen die Vielseitigkeitsausbildung, die Schulung der koordinativen Fähigkeiten, als auch eine kognitionsgeleitete Sinnes- und Wahrnehmungsschulung als tragende Säulen eines handlungs- und nicht fertigkeitenorientierten Kinder- und Jugendtrainings[60]. Eine in diesem Sinne vielseitige, handlungsorientierte und persönlichkeitsfördernde, sportliche Ausbildung wird in Abschnitt 3.1.2.1 dargestellt.

---

[57] vgl. Neumann, G. et al.: Das große Buch vom Triathlon. 2004. S.160.
[58] vgl. Holzkamp, K.: Zur kritisch-psychologischen Theorie der Subjektivität 1. In: Forum Kritische Psychologie, AS 34, 1979.
[59] Weinberg, P.: Persönlichkeitsentwicklung im Sport. In: Kritische Stichwörter zum Sport, 1983, S. 316.
[60] vgl. Nagel/Wulkop: Techniktraining im Hockey 1982, S. 27.

3.1.2.1. Vielseitigkeitsausbildung

Vielseitigkeit ist das Gegenteil von Spezialisierung. Obwohl schon allein durch die Auswahl der Sportart Triathlon eine einseitige Fixierung auf eine Sportart vermieden wird, sollte auch in der Ausbildung in den einzelnen Teildisziplinen auf ein zu früh spezialisiertes Training verzichtet werden. Ein solches Training wird oft auf den schnellstmöglichen Erfolg in Wettkämpfen ausgerichtet, beinhaltet also eine relativ kurzfristig ausgelegte Trainingsplanung. Folgen dieser frühzeitigen Spezialisierung sind unter anderem „ausgebrannte Talente"[61] im eigentlich leistungsfähigen Alter. Ein früher Ausstieg aus der Sportart, das so genannte „Drop-Out" Phänomen wird von einigen Autoren, ebenfalls dieser Vorgehensweise zugesprochen.[62] Demgegenüber steht eine langfristig, perspektivisch ausgerichtete Trainingsplanung, die m.E. weit über den zu erwartenden Leistungshöhepunkt in einer Sportart hinaus, auf ein lebenslanges Sporttreiben ausgerichtet sein sollte. Ein gängiges Modell, wie es beispielsweise auch vom DLV (Deutscher Leichtathletik Verband) verwandt wird, einer langfristig ausgelegten Trainingsplanung ist folgende Dreiteilung:

1. Grundlagentraining
2. Aufbautraining
3. Hochleistungstraining[63]

Je nach Sportart umfasst jede dieser Ausbildungsstufen einen ungefähren Zeitraum von 2-3 Jahren. Damit erfüllt das Modell zwar den Anspruch auf langfristige Trainingsplanung, in Hinsicht auf ein Sporttreiben über den individuellen Leistungshöhepunkt hinaus, bzw. bei der Frage nach der Notwendigkeit des Erreichens dieses Leistungshöhepunktes, lässt es jedoch Lücken erkennen. Nagel und Wulkop bedienen sich eines Modells von Martin[64]:

1. Die vielseitige psychomotorische Grundlagenausbildung
2. Der Beginn der sportartspezifischen Spezialisierung
3. Die Vertiefung des spezifischen Trainings

---

[61] vgl. Schröder 1986. In: Nagel/Wulkop 1992, S. 28.
[62] ebenda
[63] vgl. Lezelter 1978, S.55; Bisanz 1985, S.19; Schröder 1986, S.23; Martin 1981, S.165.

Martin fordert eine Zuordnung in Abhängigkeit der motorischen Entwicklung und nicht nach Lebensalter. Dieses Modell lässt sich m.E. auch auf ein angestrebtes lebenslanges Sporttreiben ausdehnen und beinhaltet nicht zwingend ein Münden der sportlichen Karriere in den Hochleistungssport. Dass Vielseitigkeit, gerade im Bezug auf die Grundlagenausbildung, nicht mit Wahllosigkeit zu verwechseln ist, zeigen Nagel und Wulkop, in dem sie folgende Prinzipien für ein langfristiges, vielseitiges Training in einer Zielsportart aufstellen:

- „die Zielsportart unterstützende, strukturähnliche Sportarten einbringen (....);
- sogenannte „Ausgleichssportarten" mittrainieren, um den physiologischen und psychologischen Ausgleich durch Kontrast-Sportarten zu fördern;
- v.a. Individual-Sportlern die Erfahrung des Mannschafts-Sportsspiels zukommen lassen und umgekehrt."[65]

3.1.2.2. Schulung der koordinativen Fähigkeiten

Die Schulung der koordinativen Fähigkeiten hat in den letzten zwei Jahrzehnten einen bedeutenden Stellenwert in der Sport- und Bewegungslehre erlangt. Deutlich wird dies nicht nur am Umfang der dazu vorhandenen Literatur, sondern auch an vielen neuen Bewegungsangeboten, größtenteils aus dem Fitness- und Gesundheitssportbereich die sich dem Thema Koordination zuwenden. Beispielhaft seien hier das der MBT-Schuh (Massai Barfuß Technik, ein Schuh mit einer eingebauten Kippelsohle), der Aerostep (aufblasbares Kissen mit Noppen, als absichtlich kippeliger Untergrund) und das Reebok-Coreboard (ähnlich wie Aerostep ermöglicht jedoch gleitende Bewegungen) genannt. Ich werde auf eine eingehende Darstellung des aktuellen Forschungsstandes zum Thema koordinative Fähigkeiten verzichten und im Folgenden lediglich das Modell von Meinel/Schnabel (1987)[66] vorstellen. Dort werden folgende koordinative Fähigkeiten beschrieben:

---

[64] vgl. Martin 1988, S. 104.
[65] vgl. Nagel/Wulkop: Techniktraining im Hockey 1982, S. 29.
[66] vgl. Meinel, K./Schnabel,G.: Bewegungslehre. Abriss einer Theorie der sportlichen Motorik unter pädagogischem Aspekt. Berlin 1987, S. 248-255.

1. Differenzierungsfähigkeit

„...die Fähigkeit zum Erreichen einer hohen Feinabstimmung einzelner Bewegungsphasen und Teilkörperbewegungen, die in großer Bewegungsgenauigkeit und Bewegungsökonomie zum Ausdruck kommt".

2. Kopplungsfähigkeit

„...die Fähigkeit, Teilkörperbewegungen (beispielsweise Teilbewegungen der Extremitäten, des Rumpfes und des Kopfes) untereinander und in Beziehung zu der auf ein bestimmtes Handlungsziel gerichteten Ganzkörperbewegung zweckmäßig zu koordinieren".

3. Reaktionsfähigkeit

„...die Fähigkeit zur schnellen Einleitung und Ausführung zweckmäßiger kurzzeitiger motorischer Aktionen auf ein Signal".

4. Orientierungsfähigkeit

„...die Fähigkeit zur Bestimmung und Veränderung der Lage und Bewegungen des Körpers in Raum und Zeit, bezogen auf ein definiertes Aktionsfeld (z.B. Spielfeld, Boxring, Turngeräte) und/oder ein sich bewegendes Objekt (z.B. Ball, Gegner, Partner)".

5. Gleichgewichtsfähigkeit

„...die Fähigkeit, den gesamten Körper im Gleichgewichtszustand zu halten oder während und nach umfangreichen Körperverlagerungen diesen Zustand beizubehalten beziehungsweise wiederherzustellen".

6. Umstellungsfähigkeit

„...die Fähigkeit, während des Handlungsvollzugs auf Grund wahrgenommener oder vorausgenommener Situationsveränderungen das Handlungsprogramm den neuen Gegebenheiten anzupassen oder die Handlung auf völlig andere Weise fortzusetzen".

7. Rhythmisierungsfähigkeit

„...die Fähigkeit, einen von außen vorgegebenen Rhythmus zu erfassen und motorisch zu reproduzieren, sowie den „verinnerlichten", in der eigenen Vorstellung existierenden Rhythmus einer Bewegung in der eigenen Bewegungstätigkeit zu realisieren".

Die hier aufgeführte Reihenfolge ist nicht als Rangfolge zu verstehen. Eine motorische Fertigkeit (z.B. die Kraultechnik im Schwimmen) nimmt immer mehr als eine koordinative Fähigkeit in Anspruch. Außerdem stehen die koordinativen Fähigkeiten „in wechselseitiger Verknüpfung und stehen zeitweise in enger Verbindung zu anderen Fähigkeiten (konditionellen, intellektuellen, musischen, volitiven)"[67]. Des Weiteren haben unterschiedliche motorische Fertigkeiten und in der Folge auch Sportarten spezielle Anforderungsprofile im Bezug auf die Gewichtung der einzelnen koordinativen Fähigkeiten. Folgende Tabelle soll die spezifischen koordinativen Anforderungen im Triathlonsport skizzieren:

	Schwimmen	Radfahren	Laufen	Wechsel
Gleichgewichtsfähigkeit	XXX	XXX	XXX	XX
Rhythmisierungsfähigkeit	XXX	XXX	XXX	XX
Differentierungsfähigkeit	XXX	XXX	XXX	X
Umstellungsfähigkeit	X	XX	X	XXX
Orientierungsfähigkeit	XXX	X	X	X
Kopplungsfähigkeit	XX	X	X	X
Reaktionsfähigkeit	X	X	X	X

XXX hohe Anforderungen
XX mittlere Anforderungen
X geringe Anforderungen

Abbildung 4: Koordinatives Anforderungsprofil im Triathlon

---
[67] ebenda, S. 267.

3.1.2.3. Kognitionsgeleitete Sinnes- und Wahrnehmungsschulung

Das Bewegungslernen, wie jeder Lernprozess, ganz entscheidend von der Wahrnehmungsfähigkeit des Lernenden, aber auch des Lehrenden abhängt, scheint als wenig diskussionswürdig angenommen werden zu können. Auch Nagel/Wulkop nennen es „offenkundig, dass eine Schulung von motorischen Bewegungen mit einer Schulung der Wahrnehmung einhergehen muss."[68] Sie schlagen folgende drei Kriterien für eine wirkungsvolle Wahrnehmungsschulung vor:

1. Bewusste Wahrnehmung schulen:

Hierbei geht es um die bewusste kognitive Erschließung von Sinneseindrücken im Gegensatz zu einem eher diffusen Körpergefühl. Sinneseindrücke sollen bewusst und mit Hilfe der Kognition zu Erfahrungen werden. Diese Erfahrungen können dann wiederum in darauf folgenden Handlungen verarbeitet werden und letztendlich die Handlungsqualität bestimmen. Nagel formuliert dazu folgende These:
„Nur die nach-denkende und nach-fühlende, bewusstseinsabhängige und -bildende Wenn-Dann-Strukturierung veredelt Bewegungserlebnisse zu Erfahrungen."[69]

2. Individualität von Wahrnehmung beachten:

Über die Rezeptoren in Muskeln, Gelenken und Sehnen (den kinästhetischen Analysator), die Drucksinneszellen der Haut (den taktilen Analysator), das Auge (den optischen Analysator), das Ohr (den akustischen Analysator) und das Gleichgewichtsorgan im Innenohr (den statico-dynamischen Analysator) werden Informationen aufgenommen. Aus der Fülle von Informationen, die auf eine(n) SportlerIn in einer beliebigen Situation einfließen, wird im ersten Schritt der Verarbeitung selektiert. Nach Grosser ist die Auswahl von Informationen jeweils individuell abhängig von folgenden Faktoren:

---

[68] vgl. Nagel/Wulkop Techniktraining im Hockey 1982, S. 37.
[69] ebenda, S.39.

1) der momentanen Aufmerksamkeit,
2) der Zielgerichtetheit,
3) den (individuellen) Bedürfnissen,
4) der Erwartungshaltung,
5) der betreffenden Aufgabenstellung der Information,
6) den physikalischen Eigenschaften der Reize.[70]

Aus der Diversität dieser Einflussfaktoren wird erkenntlich, dass der Lehrende der Individualität von Wahrnehmung nur dann gerecht werden kann „wenn seine Rückmeldung sich in die gemeinsame Interpretation der Bewegungserlebnisse und -empfindungen der Lernenden einfügen."[71] In der Praxis kann das z.B. bedeuten, zur sinnlichen Einordnung einer neuen Bewegungserfahrung, gemeinsam mit dem Lernenden Bewegungsbilder aus seinem bereits vorhandenen sportlichen oder alltäglichen Erfahrungsbereich zum Vergleich heranzuziehen.

3. Innensicht-orientierte Wahrnehmung verbessern:

Nagel/Wulkop konstatieren, dass die Innensicht der Sportler in den Mittelpunkt der Analyse, wie auch der Lehr- und Korrekturprozesse, mit einbezogen werden muss. Unter Innensicht versteht Hensel, dass die Athleten intrinsische Rückmeldungen erhalten und wahrnehmen[72]. Besondere Aufmerksamkeit sollte hierbei der Schulung des kinästhetischen Analysators geschenkt werden, da dieser für ein differenziertes Bewegungsempfinden unerlässlich sei.[73]

3.1.2.4. Handlungsfähigkeit

Handeln im Sport bedeutet mehr als das bloße Aneinanderreihen von automatisierten, normierten Bewegungen. Vielmehr ist es wichtig, „...dass der Schüler die mit Spielhandeln verbundenen Wahrnehmungs-, Analyse-, Interpretations-, Entscheidungs-, Bewertungsprozesse usw. in selbständiger

---

[70] vgl. Grosser, M.: Wie sich sportliche Bewegungen steuern und koordinieren lassen. in: Digel: Lehren im Sport 1983, S. 168.
[71] vgl. Nagel/Wulkop: Techniktraining im Hockey 1982, S. 39.
[72] vgl. Hensel 1988, S. 24.
[73] vgl. Nagel/Wulkop: Techniktraining im Hockey 1982, S. 39-40.

Auseinandersetzung erfährt, um sich weiterentwickeln zu können".[74] Handlungsfähigkeit zu schulen bedeutet im Gegensatz zu einer fertigkeitenorientierten Vorgehensweise, den Lernenden zu einem mündigen Sportler zu erziehen, ihm das Werkzeug in die Hand zu geben auch in noch nicht geübten, unbekannten Situationen umzudenken und dann zu handeln.

Aus den Abschnitten 3.1.2.1 - 3.1.2.3 wird ersichtlich, dass die dort formulierten Forderungen ein bestimmtes Menschenbild implizieren. Der Lernende wird nicht als „Fehlerreduktionswesen" und der Lehrende nicht als „Fehlerdetektiv" verstanden, sondern immer als selbständig handelndes Individuum.

Abschließend sei erwähnt, dass neben dem Aspekt des Technikerwebs eine erhöhte Selbstwahrnehmungsfähigkeit auch die Körperwahrnehmung im Sinne einer Prophylaxe von Verletzungen oder Überlastungen befördern kann. Dies ist, ebenso wie das o.g. selbständige Handeln, m.E. wesentlicher Bestandteil im Hinblick auf ein eigenmotiviertes, gesundheitsorientiertes und lebenslanges Sporttreiben (vgl. Einleitung).

3.1.3. *friluftsliv* und Triathlon

An dieser Stelle möchte ich zunächst den Begriff und das Phänomen *friluftsliv* grob umreißen, um dann zu erörtern wie *friluftsliv* als Impulsgeber[75] für eine veränderte Sichtweise auf die Sportart Triathlon wirken könnte.

friluftsliv ist ein Teil norwegischer (Bewegungs)kultur. Im norwegischen Alltagsgebrauch umschließt der Begriff *friluftsliv* eine Vielzahl von Aktivitäten im Freien. Es kann damit die *sundagstur*, d.h. das sonntägliche (Ski)wandern mit der ganzen Familie, die Wochenendtour mit Zelt oder Hüttenübernachtung, die Kanufahrt, die Fahrradtour, das Pilze sammeln, der lange Lauf durch ein nahegelegenes Naturgebiet und vieles mehr an Aktivitäten im Freien gemeint sein. Zudem gibt es eine Vielzahl von Definitionen und Diskussionen um die inhaltliche Bedeutung von *friluftsliv*. Im Folgenden findet sich eine Auswahl dieser Beiträge, die mein eigenes Verständnis des Begriffes und seiner Inhalte grob umreißen soll.

---

[74] Bremer 1985, S.17.
[75] vgl. Voigt, friluftsliv-Lieferant neuer Impulse für den outdoor-Boom 2002.

Voigt[76] hebt in seiner Arbeit mehrfach hervor, dass *friluftsliv* für viele Norweger ein *livstil*, ein Lebensstil, ist. Des Weiteren beschreibt er die, den eingangs genannten Aktivitäten zugrunde liegenden, Rahmenbedingungen nach Breivik[77]:

friluftsliv...
- geht draußen in der Natur vor sich
- ist „Teilzeit-Leben" in der Natur
- geht in (relativ) unberührter Natur vor sich[78]
- ist nicht motorisiert
- ist nicht wettkampforientiert
- spricht alle Seiten des Menschen an
- wird mit (relativ) einfacher Ausrüstung betrieben
- stellt ein Ziel in sich selbst dar[79]
- ist ein Weg zu einer Gesellschaft, die mit Natur anstatt gegen sie lebt.

Obwohl es in der *friluftsliv* Diskussion vehemente Vertreter einer Unvereinbarkeit von Sport und *friluftsliv* gibt[80], halten einige Autoren den Übergang von *friluftsliv* zu breitensportlichen Aktivitäten für fließend[81]. Ein norwegisches Beispiel für eine solche Vermischung ist der Skilanglauf. Viele Norweger betreiben diese Art der Bewegungsform im Freien, manchmal in Rahmen einer Sonntagstour mit ihren Familien, dann als Ausgleich nach Feierabend und ein andermal als Teilnehmer an einem der unzähligen Volksrennen wie z.B. das Birkebeiner Rennen von Rena nach Lillehammer.

Auch wenn einige der von Breveik formulierten Rahmenbedingungen auf die Teilnahme an einem Wettkampf mit oftmals neuester Skiausrüstung nicht mehr zutreffen, so würde doch der norwegische Wettkampfteilnehmer sein Tun mit großer Wahrscheinlichkeit als *friluftsliv*-Aktivität bezeichnen.

Bei dieser subjektiven Betrachtungsweise geht es m.E. hauptsächlich um ein bewusstes in der Natur sein, welche Tätigkeit dabei ausgeübt wird, spielt eine eher

---

[76] ebenda
[77] vgl. Breivik 1979, S. 13ff und 1978, S.217ff.
[78] völlig unberührte Natur gibt es nach Auffassung BREIVIKs nicht (mehr) (vgl. BREIVIK 1979, S.13).
[79] Diese Formulierung deutet auf eine intrinsische Motivation des *friluftsliv* hin. Diese wird hier nach folgendem Verständnis verwendet: inltrinlsisch: von innen her, aus eigenem Antrieb durch Interesse an der Sache erfolgend, durch in der Sache liegende Anreize bedingt (Psychol.); intrinsische Motivation: durch die von einer Aufgabe ausgehenden Anreize bedingte Motivation (vgl. DUDEN 1990).
[80] vgl. Faarlund 1978.
[81] vgl. Faye/Heringsteld 1984, S. 10.

untergeordnete Rolle und ist zudem individuellen Vorlieben als auch modischen Trends unterworfen. Ich halte es für möglich, diese Sichtweise, diesen Lebensstil auf deutsche Verhältnisse zu übertragen. So gewinnt in Deutschland das Rad fahren zunehmend an Bedeutung. Ganz ähnlich wie der Skilanglauf in Norwegen, wird das Radfahren in vielseitiger Form betrieben und verstanden. So wird das Rad von den einen als Fortbewegungsmittel auf sonntäglichen Familienradtouren benutzt, manche nutzen es als Ausgleich und Alternative für den Arbeitsweg und wieder andere widmen sich dem Rennradfahren und nehmen an Radrennen oder Triathlonveranstaltungen teil. Meiner Ansicht nach lässt sich das Rad fahren allein durch einen Perspektivwandel in eine Tätigkeit im Sinne des *friluftsliv* umwandeln.

Im Rahmen dieser Konzeption bedeutet das eine bewusste Fokussierung auf das draußen in der Natur sein mit Kindern und Jugendlichen. Die Wahl der Trainingsumgebung spielt dabei ebenso eine Rolle, wie das Einbeziehen von Wissenserwerb über die natürlichen Verhältnisse und Umgebung (z.B. woher kommt der Wind, wird sich das Wetter ändern, was verraten die Wolken darüber, wie kann ich mich beim Laufen im Wald orientieren etc.).

Wird das Triathlontraining in diesem Sinne gestaltet, kann es meiner Ansicht nach im Sinne der *friluftsliv*-Philosophie ein Teilstück auf dem Weg zu einer Gesellschaft sein, die mit Natur anstatt gegen sie lebt.

3.2. Pädagogische und gesellschaftliche Anforderungen an das Konzept

Im Abschnitt 3.2 werden die m.E. aus pädagogischer und gesellschaftlicher Sicht bedeutenden Anforderungen an das vorliegende Konzept aufgezeigt. Behandelt werden an dieser Stelle die Themen Wettkampfsport, Geschlechterrollen, soziale Kompetenz, Körperbild, sowie der gesellschaftliche Stellenwert und die langfristigen Auswirkungen der Sportart Triathlon auf das Gesundheitsbewusstsein der SportlerInnen.

3.2.1. Umgang mit der Ausführung einer wettkampforientierten Sportart

Triathlon ist eine wettkampforientierte Sportart. Auch wenn in einem langfristig angelegten Trainingsprozess die Bedeutung von Wettkämpfen unterschiedlich bewertet werden kann, werden Kinder und Jugendliche, die sich für die Sportart

Triathlon entschieden haben, früher oder später an einem oder mehreren Wettkämpfen teilnehmen. Aus diesem Grund halte ich es für unabdingbar, sich im Rahmen dieser Arbeit mit dem Thema Wettkampf und seinen pädagogischen Implikationen zu beschäftigen.

Oerter/Montada schreiben in ihrem Lehrband zur Entwicklungspsychologie über das Regelspiel: „Wettspiele (wie beispielsweise der Triathlonwettkampf, Anm. d. Verfass.), die körperliche Geschicklichkeit zum Gegenstand haben, findet man in Kulturen, die Wert auf Leistung legen."[82] Es besteht wenig Zweifel an der Behauptung, dass wir in Deutschland in einer eben solchen Gesellschaft leben. Folglich könnte man den Triathlonwettkampf für Kinder und Jugendliche als ein Lernfeld zum Leben in eben dieser Leistungsgesellschaft ansehen. Triebfeder einer Leistungsgesellschaft ist die Motivation Erfolg zu haben, Leistung zu erbringen. Nach Atkinson bewegt sich diese Leistungsmotivation im Konfliktfeld zwischen Hoffnung auf Erfolg und Furcht vor Misserfolg. Der Anreizwert einer Leistung ist in der Hauptsache ein Affekt, nämlich Stolz auf die erbrachte Leistung.[83] Im Rahmen dieses Konzeptes wird es nun zur Aufgabe des Lehrenden dieses Lernfeld so zu gestalten, dass alle Teilnehmer und nicht nur die die überdurchschnittliche Leistungen in allen drei Teildisziplinen erbringen können, positive Bestärkung und somit weitere Leistungsmotivation erhalten. Es bedarf also einer Neubewertung von Erfolg im Rahmen einer sportlichen Handlung oder eines Wettkampfes. Ein Blick auf den Triathlon(breiten)sport offenbart eine Möglichkeit, eine solche Umbewertung von Leistung vorzunehmen: Vornehmliches Ziel vieler Breitensportler ist das Beenden eines Wettkampfes, das sogenannte Finishen, nicht der Sieg. Das Erreichen der Ziellinie wird also als Erfolg gewertet. Allein dieser Erfolg kann ausreichen, um Motivation für das Training für einen weiteren Wettkampf zu erlangen. Eine weitere Quelle der Motivation kann das Erreichen von persönlichen Zielen sein, wie zum Beispiel eine Verbesserung in der bislang schwächsten Disziplin, eine neue persönliche Bestzeit oder aber das Bewältigen von Hindernissen, wie beispielsweise einen platten Reifen im Wettkampf repariert zu haben. Neben dieser Fokussierung auf erfolgsversprechende Zielsetzungen liegt eine weitere Aufgabe des Lehrenden in der Hilfestellung im Umgang mit Misserfolg. Egal wie realistisch die Ziele von Seiten der Kinder und Jugendlichen formuliert werden, es besteht immer die Möglichkeit

---

[82] Oerter/Montada, Entwicklungspsychologie 2002, S. 229.
[83] vgl. Atkinson, 1957. In: Oerter/Montada, Entwicklungspsychologie 2002, S. 567.

diese Ziele nicht zu erreichen oder aber mit den Zielsetzungen Dritter (beispielsweise der Eltern oder der Zuschauer) konfrontiert zu werden. Grundvoraussetzung für einen positiven Umgang mit Misserfolgen ist m. E. ein durch vorherige Erfolgserlebnisse gestärktes Selbstvertrauen, eine realistische Untersuchung der Gründe für den benannten Misserfolg und einen daraus resultierende Neuformulierung von Zielen, sowie ein fairer Umgang der Kinder untereinander. Des Weiteren halte ich es, besonders in einer Individualsportart wie Triathlon, im Training aber auch bei Wettkämpfen, für wichtig kooperative Elemente zu betonen. Dies kann durch kooperative Spiele im Training, aber auch durch das einfache „anfeuern" der Trainingspartner im Wettkampf erfolgen.

3.2.2. Geschlechtsspezifische und -typische Unterschiede in der Heranführung und Durchführung der Sportart

Geschlechtsspezifisch werde ich im folgenden Abschnitt nur Merkmale nennen die (mit Ausnahme der Zweigeschlechtlichkeit) ausschließlich bei einem Geschlecht vorkommen. „Dies trifft nur auf die wenigen direkt mit den spezifischen Funktionen der Geschlechter im biologischen Reproduktionsprozess verbundenen Merkmale zu (z.B. dass nur Frauen menstruieren, Kinder gebären und stillen können...) Geschlechtsspezifische Unterschiede sind somit bipolar-dichotom verteilt."[84] Als geschlechtstypisch werde ich hingegen alle anderen psychischen und auch physischen Variablen bezeichnen, die den beiden Geschlechtern zugeordnet werden. Dazu gehören neben Fähigkeiten, Interessen, Einstellungen, Persönlichkeitseigenschaften und sozialem Verhalten auch physische Merkmale wie z.B. Muskelmasse oder Körpergröße.[85]

Sinn dieser Betrachtungsweise und Zielsetzung im Rahmen dieser Konzeption soll die geschlechtsspezifische Chancengleichheit und das Aufzeigen von Veränderungsmöglichkeiten von geschlechtstypischen Verhaltensweisen sein. Von einer differenzierten Diskussion der Thematik muss aus umfänglichen Gründen bewusst verzichtet werden. Weiterführende Literatur hierzu findet sich in großem Umfang (z.B. Kugelmann, C.: Geschlechterforschung im Sport : Differenz und/oder Gleichheit ; Beiträge aus der DVS-Kommission "Frauenforschung in der

---

[84] Trautner, H.M.: Entwicklung der Geschlechtsidentität. In: Oerter/Montada, Entwicklungspsychologie 2002, S.649.
[85] ebenda

Sportwissenschaft" ; Hamburg : Czwalina, 2004; Blanke, B.: Identität und Geschlecht: 6. Tagung der DVS-Kommission "Frauenforschung in der Sportwissenschaft" 1. Aufl. - Hamburg : Czwalina, 2000; sowie die weiteren seit 1993 erscheinenden Bände zur "Frauenforschung in der Sportwissenschaft").

Die Sportart Triathlon birgt m.E. langfristig ein großes Potential in sich, sowohl männliche als auch weibliche SportlerInnen, zu binden. In diversen Studien[86] zu Sportarten-Präferenzen werden Schwimmen, Radfahren, Joggen/Laufen, neben dem Wandern, als diejenigen Sportarten bezeichnet, die von Frauen wie Männern in gleicher Weise bevorzugt ausgeübt werden. Als Gründe hierfür werden ein hoher Grad an Wahlmöglichkeiten hinsichtlich des Organisationsrahmens, der SportpartnerInnen und der Sportorte genannt. Dazu kommen einfache Handlungsstrukturen und die daraus resultierende leichte Erlernbarkeit, welche einen unkomplizierten Einstieg gewährleistet.

Des Weiteren ist darauf hinzuweisen, dass es im Triathlon, gleich auf welcher Alters- oder Leistungsebene, keine geschlechtsspezifischen Wettkampflängen- unterscheidungen gibt. Auch bezüglich des Materials oder der Bekleidung, gibt es, anders als in anderen Sportarten, keine geschlechtsspezifischen Vorgaben. Jungen und Mädchen trainieren also von Anfang an auf identische Wettkampfbedingungen hin.

Um so mehr erstaunt es, dass bei einer Betrachtung der Mitgliedergesamtzahlen der der DTU (Deutsche Triathlon Union) zugehörigen Landesverbände, die Anzahl der weiblichen Mitglieder (betrachtet wurden hier die 6-18jährigen) denen der männlichen deutlich unterliegt. Abbildung 5 zeigt die geschlechtsspezifische Entwicklung der Mitgliedszahlen aller Landesverbände zwischen 1995 und 2004.

---

[86] vgl. Bergmann, K./Heuwinkel, D.: Sportverhalten und Einstellungen im Sport im Landkreis Hameln/-Pyrmont 1987/88. Hannover 1988; Rittner et al: Sportinfrastruktur Kreis Neuß. Bd 1 und 2 1989; Hübner, H./ Kirschbaum, B.. Sporttreiben in Bremerhaven – Ergebnisse der Sportverhaltensanalyse (Bürgerbefragung 1992); Woll, A.: Gesundheitsförderung in der Gemeinde. Neu-Isenburg 1996. Alle in: Baur, J./Beck, J.: Vereinsorganisierter Frauensport 1999.

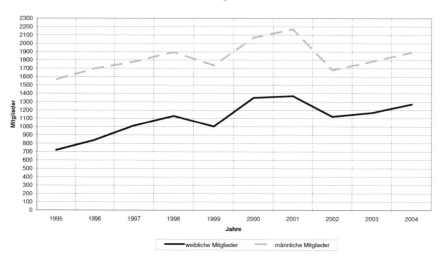

Abbildung 5: DTU Grafik. Linck, S.: Mitglieder der Landesverbände 2004.

Zur Erhöhung des Anteils der weiblichen Mitglieder sollen folgende eigene Beobachtungen und Vorschläge dienen.

Es gibt m.E. geschlechtsspezifische und -typische Unterschiede in der Herangehens- und Ausführungsweise der Sportart. Diesen Besonderheiten sollen in diesem Abschnitt diskutiert werden. Die im folgenden genannten Unterschiede in der Heranführung und Durchführung von Mädchen und Jungen resultieren also nicht aus der Sportart Triathlon selbst, sondern sind eine Reaktion auf bereits vorhandene geschlechtstypische Besonderheiten, welche die Kinder und Jugendlichen erfahrungsgemäß[87] bereits zu ihrer ersten Begegnung mit der Sportart Triathlon mitbringen. Stark vereinfacht lassen sich die von mir beobachteten Verhaltensweisen wie folgt umreißen[88]:

---

[87] Ich beziehe mich in diesem Punkt auf subjektive Erfahrungswerte aus der in Kapitel 4 vorgestellten Unterrichtspraxis, sowie auf weitere eigene Unterrichtserfahrung mit Mädchen und Frauen im Bereich Ausdauersport.
[88] ebenda

1. Deutlich weniger Mädchen als Jungen melden sich zu Triathlonangeboten an (bzw. werden von ihren Eltern angemeldet)[89].
2. Mädchen haben andere Bewegungsvorerfahrungen als Jungen[90].
3. Mädchen und Jungen unterscheiden sich in ihrer Konzentrationsfähigkeit auf komplexe oder länger andauernde Trainingsinhalte.
4. Mädchen und Jungen reagieren bei Nichtgefallen von Trainingsinhalten oder dem Verhalten anderer Gruppenmitglieder sehr unterschiedlich[91].

In Bezug auf das vorliegende Konzept möchte ich aus den o.g. Verhaltensweisen folgende Konsequenzen ziehen:

1. Ob sich Kinder für Triathlonangebote interessieren hängt m.E. von zwei Faktoren ab, zum einen kann durch die bereits erfolgte Teilnahme an einem Schülertriathlon oder einem Schülerlauf o.ä. konkretes Erfahrungswissen vorliegen. Zum anderen kann durch Erzählungen anderer Kinder, der Eltern, einen Aushang im Sportverein oder Informationen über die Medien Neugier erzeugt worden sein. Ob diese konkreten Erfahrungen und Neugier in dem Schritt münden, sich für ein Triathlonangebot anzumelden, scheint wiederum zu einem großen Anteil von der Einstellung der Eltern der Sportart Triathlon gegenüber abzuhängen. Letztlich sind es bei Minderjährigen die Eltern, die eine solche Anmeldung vornehmen. Die Einstellung der Eltern ist, wie im Kapitel 1 ausführlich dargelegt, oftmals stark geprägt von der Vorstellung, Triathlon sei gleichzusetzen mit dem Ironman. Um dieses Vorurteil abzubauen, scheint es sinnvoll, neben Information und Interessensweckung bei den Kindern, auch die Eltern einzubeziehen. Vorstellbar wären hier Maßnahmen wie: Informationsabend, Tag der offenen Tür, Broschüre, aber auch Artikel in der lokalen Presse.

Auf sozialisationsbedingte Unterschiede zwischen Mädchen und Jungen, die einen Einstieg in den Triathlonsport verhindern könnten und nicht durch o.g. Aufklärung

---

[89] Beim ersten Durchlauf der Triathlonschnupperwoche des VAF e.V. (vgl. Kapitel 4) betrug das Verhältnis 3 Mädchen zu 6 Jungen. Bei der zweiten Durchführung haben waren es wieder 3 Mädchen diesmal aber 17 Jungen.
[90] Bei den Mädchen dominierten die Bewegungsvorerfahrungen in der Leichtathletik und im Schwimmen, wogegen die Jungen Fußball als häufigste Vorerfahrung nannten, gefolgt von weiteren Sportspielarten (Hockey, Basketball) und Schwimmen.
[91] Die Mädchen wurden öfter bei passivem, ablehnendem Verhalten beobachtet, d.h. sie hörten auf mitzuspielen oder beschwerten sich bei den AnleiterInnen. Neben diesem Verhalten zeigten die Jungen häufiger ein aktiv ablehnendes Verhalten, d.h. sie störten das Spiel, welches dadurch auch oft zum Abbruch kam oder verließen eine nicht gefallende Situation, um an anderer Stelle z.B. alleine mit einem Fußball zu spielen.

auszugleichen sind, soll an dieser Stelle nicht eingegangen werden, da sie m.E. den Wirkungsgrad einer einzelnen bewegungsorientierten Maßnahme überschreiten.

2. Das Vorhandensein von unterschiedlichen Bewegungsvorerfahrungen erfordert eine differenzierte Herangehensweise in der Vermittlung einer neuen Sportart (vgl. auch Abschnitt 3.1.2). Im konkreten Bezug auf das vorliegende Konzept bedeutet das, die Bewegungserfahrungen der Kinder zu nutzen, um ihnen den Einstieg in neue Bewegungsmuster zu erleichtern. Das bedeutet z.B. eine Schulung der Sprintfähigkeit für die Jungen in ein Fußballspiel zu integrieren und den Mädchen mit Vorerfahrung in der Leichtathletik zum Erreichen des gleichen Trainingsziels eine Biathlonstaffel anzubieten. Wie auch Punkt 3 zeigen wird, bietet sich hier eine kurzzeitige Teilung der Gruppe in eine reine Mädchen- und Jungengruppe an.

3. Unterschiedliche lange Konzentrationsphasen führen m.E. in der Praxis zu zwei Konsequenzen: Entweder wird ein Angebot frühzeitig abgebrochen, oder es wird trotz verändertem Fokus einiger Kinder weitergeführt. Beide Entscheidungen lassen Teile der Gruppe unbefriedigt zurück. In den vorliegenden Beobachtungen waren es größtenteils die Mädchen, die über eine längere Konzentrationsspanne verfügten, sie wurden bei frühzeitigem Abbruch des Angebotes um weitere mögliche Lernerfahrungen gebracht. Im Fall der Durchführung des Angebots wurden die Jungen in ihren Bedürfnissen nicht beachtet. Es entstand daraus bei den Jungen Langeweile aber auch aggressives Verhalten gegenüber den noch „konzentrierten" Kindern. Wie unter Punkt 2 aufgeführt, halte ich es in diesem Fall für sinnvoll, bei einzelnen Spielen oder Übungen die Gruppe in geschlechtspezifische Gruppen zu unterteilen. Des Weiteren haben sich in der Praxis alternative Vorschläge für diejenigen Kinder bewährt, die sich nicht mehr konzentrieren können. So kann z.B. vereinbart werden, dass eine Runde Rad fahren oder ein kurzes Fußballspiel o.ä. erlaubt sind, wenn die Konzentration verloren geht (vgl. auch Kapitel 4).

4. Zusammenfassend und verallgemeinernd lassen sich meine Beobachtung wie folgt formulieren: Die Mädchen verhielten sich bei Nichtgefallen von Trainingsinhalten eher zurückhaltend, sie entzogen sich der Situation oder fingen leise an „zu nörgeln" und schienen den Grund für ihre Ablehnung eher in sich selbst zu suchen, als das Angebot an sich in Zweifel zu ziehen. So formulierten sie eher „ich kann das nicht"

als „das ist eine blöde Übung". Die Jungen waren in ihrem ablehnenden Verhalten eher offensiv. Sie setzten sich meist schnell mit ihrer Meinung durch, in dem sie z.B. ein Angebot lautstark in Frage stellten oder es durch teilweise aggressives Verhalten zu stören versuchten. Ich möchte hier anmerken, dass ich weder das eine noch das andere Verhalten für richtig halte, weise jedoch darauf hin, dass beiden Verhaltensweisen Beachtung gezollt werden sollte. Auch in diesem Punkt könnte eine, zumindest zeitweise Gruppenaufteilung sinnvoll sein. Außerdem schien es vielen Kindern einfacher, sich einer gleichgeschlechtlichen Lehrperson zuzuwenden, bzw. die von ihr vorgeschlagenen Regeln zu akzeptieren.

Aus diesem Grund halte ich eine gemischt geschlechtliche Besetzung der Lehrpersonen für wünschenswert.

3.2.3. Entwicklung von sozialen Kompetenzen in Triathlonmaßnahmen

„Der Begriff Kompetenz umfasst eine Vielzahl von Einzelleistungen und -fähigkeiten, die sich im Laufe der Entwicklung zu jeweils einem bestimmten Niveau der Bewältigung von Lebens- bzw. Entwicklungsaufgaben organisieren."[92] Zur sozialen Kompetenz werden diese in Bezug auf andere, d.h. auf Mitschüler, Freunde, Eltern, Lehrpersonen etc... .

Die Ausbildung von sozialen Kompetenzen ist, gerade im Kinder- und Jugendbereich, eine an sportliche Maßnahmen häufig gestellte Forderung. Ich möchte an dieser Stelle darauf hinweisen, dass ich es nicht als alleinige Aufgabe einer außerschulischen Maßnahme ansehe, wie sie das vorliegende Konzept darstellt, Kinder und Jugendliche zu sozialer Kompetenz zu erziehen. Im Rahmen von hier formulierten pädagogischen und gesellschaftlichen Anforderungen an das Konzept, soll aber auch dieses Thema Erwähnung finden. Es kann aber auf Grund des, im Vergleich zu familiären oder schulischen Zusammenhängen, relativ kleinen Zeitfensters in dem Triathlon betrieben wird, nur von einer geringen Einflussmöglichkeit auf bereits vorhandene soziale Verhaltensmuster ausgegangen werden. Diese sind wiederum zu einem großen Teil von der Organisationsform der Triathlonmaßnahme abhängig. So kann z.B. von einer wie in Kapitel 3 vorgestellten einwöchigen Schnupperwoche in den Schulferien keine grundsätzliche Veränderung der sozialen Kompetenz der teilnehmenden Kinder erwartet werden. Wenn aber von

---

[92] Oerter/Montada, Entwicklungspsychologie 2002, S.243.

einem Jahre überdauernden Trainingsprozess in einer relativ gleichbleibenden Gruppe ausgegangen wird, kann dies einen großen Einfluss auf das Verhalten der einzelnen Gruppenmitglieder haben. So können hier soziale Kognition gefördert (z.b. Laufen wir so schnell das alle mitkommen?), prosoziales Verhalten inspiriert werden (z.B. durch die Vorbildfunktion der Lehrperson). Es können Freundschaften entstehen, aber auch Konflikte ausgetragen werden und das Verhältnis der Kinder und Jugendlichen zu Wettbewerb und Kooperation kann ganz entscheidend geprägt werden.

Brodtmann (1998) geht sogar noch weiter, er beschreibt soziale Kompetenzen, im Sinne eines salutogenetischen Gesundheitsverständnisses (vgl. auch 3.2.8), als maßgeblichen Faktor einer Gesundheitserziehung im (Schul)sport. Auf dem Fundament sozialer Kompetenz sieht Brodtmann auch das Selbstwertgefühl gebaut: „Selbstwertgefühl resultiert mehr noch als aus Können aus der Sicherheit, gebraucht zu werden, und mit dem was man kann, mit seinen Kompetenzen, für andere Menschen wichtig zu sein. Aber wirklich starkes Selbstwertgefühl setzt weiteres voraus. Es entwickelt sich erst, wenn man sich gewiss ist, dass man nicht nur mit dem, was man kann, sondern auch mit dem was man ist, das heißt mit seiner kulturellen Geprägtheit und seinen menschlichen Qualitäten, für andere Menschen wichtig ist und deshalb auch mit den eigenen Schwächen und Fehlern von ihnen akzeptiert wird. Zu diesen sozial bedeutsamen Qualitäten zählen z.B. Empathie, Verlässlichkeit in der Hilfsbereitschaft, Glaubwürdigkeit, Zurückstellen von Egoismus."[93]

In diesem Sinne soll soziales Lernen im Rahmen dieses Konzepts zu jedem Zeitpunkt als zentrale Perspektive auf Gesundheitsförderung und -erziehung dienen.

3.2.4. Der gesellschaftliche Stellenwert der Sportart Triathlon im Wandel

Wie bereits in Abschnitt 2.1.2 aufgezeigt, kann die freizeitsportliche Entwicklung des Triathlons von der aktuellen Diskussion des gesundheitlichen Stellenwerts von Ausdauersportarten, über die so genannte „Trimm Dich" Welle in den 60er und 70er Jahren des 20. Jahrhunderts, bis zum Naturenthusiasmus Ende des 19. Jahrhunderts verfolgt werden. Freizeit wird „in der Soziologie hauptsächlich als

---

[93] Brodtmann, D.: Gesundheitsförderung im Schulsport. In: Sportpädagogik 3/1998, S.24.

Komplementärbegriff zu Arbeit aufgefasst"[94] und „bezeichnet die dem Berufstätigen außerhalb der Arbeit zur Verfügung stehende Zeit"[95]. Seit der Entstehung von Freizeit haben von jeher Staat, Kirche, Vereinigungen und unterschiedlichste Interessengruppen versucht, auf die sinnvolle Nutzung dieser Zeit Einfluss zu nehmen. Dieser Prozess setzt sich bis in die heutige Zeit fort. So bieten beispielsweise Krankenkassen ihren Mitgliedern in ihrer Freizeit kostenlose Präventionskurse an, um den Krankenstand zu senken und die durch sog. Zivilisationskrankheiten entstehenden Kosten zu dämpfen. Der Triathlonsport wurde zunächst hauptsächlich über die Vereine zur Freizeitgestaltung für wenige propagiert. Das gesellschaftliche Bild diese wenigen war und ist teilweise heute noch, von folgenden Stereotypen besetzt: verrückt, masochistisch, eisenhart, männlich, vom wahren Leben flüchtend, introvertiert ... (vgl. auch Kapitel 2). Selbst diverse Studien aus der Sportpsychologie[96], die sich mit den Persönlichkeitseigenschaften von Langstreckenläufern, Ultralangstreckenläufern und Triathleten befassten und zusammenfassend zu dem Ergebnis kamen, dass es keine signifikanten Persönlichkeitsunterschiede im Vergleich zur nicht-ausdauersportbetreibenden Bevölkerung gibt, konnten dieses Bild von „introvertierten Verrückten" nicht maßgeblich verändern. Erst die, durch eine zunehmende Kommerzialisierung und Eventisierung der Sportart bedingte Verbreitung der Sportart, lässt die durch o.g. Stigmatisierungen aufgebaute Hemmschwelle dem Triathlon gegenüber langsam sinken. Ich sehe demzufolge in der zunehmenden Kommerzialisierung und Eventisierung sowohl Chancen als auch Probleme für die Entwicklung des gesellschaftlichen Stellenwertes des Triathlons.

Zu den aus meiner Sicht als positiv zu bewertenden Folgen der kommerziellen Großveranstaltungen (Events) zählen:

- Ein verstärktes mediales Interesse an der Sportart Triathlon, mit der Folge eines erhöhten Bekanntheitsgrades und der Interessensweckung in allen Bevölkerungsschichten und Altersstufen;
- Ein zu beobachtender Zuwachs an Vereinsmitgliedern seit 2001 (vgl. 3.3);

---

[94] Meyers großes Taschenlexikon, 1990, Band 7, S.251.
[95] ebenda
[96] Morgan/Costill (1972); Morgan/Pollock (1977); Hartung/Frage (1977), Stoll/ Rolle(1996). In: Ziemainz, H., Schmidt, U., Stoll, O.: Psychologie in Ausdauersportarten, 2003, Butzbach-Griedel, S. 27-30.

- Die Tendenz zur Einbindung der ganzen Familie in Triathlon- und andere Ausdauerveranstaltungen durch spezielle Kinderrennen, Rahmenprogramme, Verkaufsmessen etc.;
- Die Notwendigkeit der Kinder- und Jugendförderung rückt, insbesondere durch die Austragung internationaler Wettkämpfe im Rahmen von Großveranstaltungen und das Fehlen von deutschen Nachwuchstalenten, langsam in den Fokus der Landesverbände;
- Sponsoren im Bereich Triathlon sind, auch für kleiner Veranstaltungen und einzelne Athleten, leichter zu akquirieren;
- Viele Menschen, die an Großveranstaltungen teilgenommen haben, nehmen in den Folgejahren auch an anderen, kleineren Triathlonveranstaltungen teil und sichern somit deren Existenz.

Als eher negativ zu bewerten sehe ich unten stehende Folgen von Großveranstaltungen:

- Viele Großveranstalter zielen auf das kurzzeitiges Erzeugen von „Helden" durch die Teilnahme an ihrem Triathlon (z.B. T-Shirts mit Aufdruck „Cooler Finisher" beim Holsten City Man Triathlon in Hamburg). Der gesundheitliche Aspekt eines langfristigen ausdauersportlichen Trainingsaufbaus tritt dabei in den Hintergrund. Die Teilnahme an einem Triathlon wird im Jahresverlauf zu einmaligen Event und hat keine Konsequenzen auf die Lebensgestaltung (regelmäßiges Training, Alkoholkonsum, Rauchen etc.);
- Durch Verkaufsmessen und den Druck der Sponsoren aus dem Sportartikel- aber auch Nahrungsmittelergänzugssektor entsteht eine Überbetonung des Materialbedarfs im Triathlon. Gerade Interessierte aus niedrigeren Einkommensschichten sowie deren Kinder werden somit von den vermeidlich hohen Kosten im Triathlonsport abgeschreckt;
- Die im Vergleich zu vereinsorganisierten Veranstaltungen bis um das vierfache höheren Startgebühren. (Es ist in diesem Zusammenhang allerdings zu erwähnen, dass die Teilnahme am „1. Hamburger Schülertriathlon" im Jahr 2005 trotz Organisation durch eine kommerzielle Agentur, der upsolut-event GmbH, kostenfrei war. Fraglich ist allerdings, ob dies auch in den Folgejahren so bleiben wird).

- Bei den in Deutschland üblichen Großveranstaltungen, handelt es sich zumeist um sogenannte „City-Triathlons", d.h. die Wettkampfstrecken werden aus der umliegenden Natur in die Stadtzentren verlegt. Die in Abschnitt 3.1.3 erwähnte Erfahrungserweiterung im Umgang mit der Natur geht somit fast vollständig verloren.

Abschließend möchte ich feststellen, dass das Bestehen von Großveranstaltungen ein Faktum ist, aus dem die Kinder- und Jugendarbeit, Vorteile ziehen kann, sich aber nicht vollständig von diesem Trend absorbieren lassen sollte.

3.2.5. Das Körperbild der TriathletInnen

Meiner Ansicht nach konstituiert sich das Körperbild einer bestimmten Gruppe, hier der Triathleten und Triathletinnen, zum einen aus den gesellschaftstypischen (Wunsch)Vorstellungen zum Körper und zum anderen aus der Perspektive der Anforderungen der Sportart an den Körper. Das aktuelle gesellschaftliche Körperbild der Deutschen im Rahmen dieser Arbeit zu beschreiben, würde den vorgegebenen Rahmen überschreiten. Ein kurzer Blick auf die Werbung in Zeitschriften und im Fernsehen ergibt jedoch in diesem Zusammenhang genügend Einblick in ein sich nur langsam wandelndes Bild des idealen Körpers. Die gezeigten Menschen dort sind meist schlank, jung, faltenfrei, leistungsfähig, gesund und fröhlich.

Bis auf wenige Ausnahmen werden Geschlechtertypisierungen auch in Bezug auf die Körperlichkeit in der Werbung immer wieder aufgegriffen. „Männlichkeit, sozial vornehmlich mit Kraft, Durchsetzungsvermögen und Risikofreudigkeit assoziiert, inkorporiert sich auch in dem männlichen Körper: Er soll in guter Verfassung und damit funktionstüchtig, verfügbar, leistungsfähig, fit, stark sein. Sofern auf Körperstilisierung Wert gelegt wird, orientiert man sich an einer muskulösen Erscheinung (...)"[97] „Weiblichkeit dagegen signalisiert Sensibilität und Expressivität.... Weniger Leistungsfähigkeit und Kraft als vielmehr die Gestaltung des weiblichen Erscheinungsbildes gilt als leitende Orientierung für den Umgang mit dem weiblichen Körper."[98] Ähnliches gilt m.E. für die mediale Verbreitung sportlicher Höchstleistungen. So reicht es bei einem männlichem Sportler zumeist, in seiner Sportart Höchstleistungen zu erbringt, um mediale Beachtung zu erreichen. Bei

---

[97] Baur, J./Beck, J.: Vereinsorganisierter Frauensport 1999, S. 50.

Sportlerinnen scheinen jedoch ein ansprechendes Äußeres oder eine berührende persönliche Geschichte weit maßgeblichere Gründe für umfassende Erwähnung in den entsprechenden Medien zu sein.

Allein die Teilnahme an einem Triathlonangebot wird Kindern und Jugendliche nicht dem Zwang von gesellschaftsgültigen Körperidealen entziehen, trotzdem sehe ich die Möglichkeiten, besonders in der Entstehung vermeintlich geschlechtstypischer Körperideale, Einfluss zu nehmen. So liegt es an der Person des Trainers / der Trainerin, ob beispielsweise der Aufbau von Muskulatur für Jungen und Mädchen als gleichsam erstrebenswert bewertet wird oder ob der Optimierung des Laufstils der Jungen ebensoviel Zeit und Interesse gewidmet wird wie dem der Mädchen.

Jenseits der gesellschaftlichen Vorstellungen des idealen Körpers, möchte ich mich jetzt den körperlichen Anforderungen der Sportart Triathlon zuwenden, die Einfluss auf das Körperbild der SportlerInnen haben können. Triathlon ist eine Ausdauersportart; anders als beispielsweise der Marathonlauf, erfordert sie durch hinzukommen der Disziplinen Rad fahren und Schwimmen ein erhöhtes Maß an Kraftausdauer, Technik und Koordination. HochleistungssportlerInnen im Triathlon unterscheiden sich von den erwähnten MarathonläuferInnen im Allgemeinen durch ein stärker ausgeprägte Muskulatur und ein etwas höheres Körpergewicht. Trotzdem liegt der Körperfettanteil bei hochausdauertrainierten Triathleten bei durchschnittlich nur etwa 9,5% (+/-1,6), bei Triathletinnen bei 9,6 (+/-3,6)[99]. Im Vergleich dazu die vom Institut für Prävention und Nachsorge in Köln (IPN) herausgegebenen Bewertungen zum Körperfettanteil für die Normalbevölkerung:[100]

Bewertung	Frauen Körperfettanteil in %	Männer Körperfettanteil in %
Exzellent	< 24,6	< 19,3
Gut	24,6-27,6	19,3-22,2
Mittel	27,6-31,2	22,2-25,0
Schlecht	> 31,2	> 25,0

---

[98] ebenda
[99] vgl. Fröhner, G. , Anthropometrische Daten von Triathletinnen und Triathleten , die den Förderstatus erreichten, in: Neumann/Pfützer/Hottenrott, Das große Buch vom Triathlon 2004, S. 230.
[100] Aschwer, H., Triathlontraining 2002, S. 234.

Auffällig ist beim Vergleich o.g. Bewertungen mit der Ist-Werten den hochausdauertrainierten Triathleten zum einen eine Abweichung von mehr als 10 Prozentpunkten, selbst bei als exzellent eingestuften Werten und zum anderen eine fast vollständige Nivellierung der vom IPN als geschlechtstypisch eingestuften Unterschiede von ca. 5 Prozentpunkten.

Ausgehend von der Annahme, dass Erfolgsträger in einer Sportart als Vorbilder dienen und dass Kinder und Jugendliche sich, auch in Bezug auf ihr Körperbild, an diesen Vorbildern orientieren könnten, sehe ich hierin folgende Chancen und Probleme.

In einer oft als von Bewegungsarmut geprägten, beschriebenen Zeit, (Körper)Vorbilder zu haben, die für sportliche Ausdauer, Kraft, gesunde Ernährung etc. stehen, möchte ich hier zunächst einmal als positiv beschreiben. Auch das Wegfallen einer Geschlechtertypisierung auf Grund der identischen Anforderungen an Männer und Frauen innerhalb der Sportart ist m.E. als positiv zu bewerten. Besonders auf die gleichwertige Bedeutung von Kraft für Triathleten und Triathletinnen möchte ich in diesem Zusammenhang noch einmal hinweisen. Nichtsdestotrotz sehe ich, ähnlich wie beim Kunstturnen oder dem Mittel- und Langstreckenlauf, das Problem einer Idealisierung eines untergewichtigen Körpers mit extrem niedrigem Körperfettanteil. Diese Tendenz nicht zu unterstreichen, bzw. ihr wo nötig, entgegenzuwirken ist m.E. eine wichtige Aufgabe der die Sportart vermittelnden Person.

3.2.6. Die breiten- oder leistungssportliche Orientierung im Kinder- und Jugendtraining

Das vorliegende Konzept hat eine vorrangig breitensportliche Orientierung, will also einen Großteil der Kinder und Jugendlichen ansprechen und nicht nach zu erreichenden Leistungen auswählen. Ich behandle das Thema Leistungssport, bzw. Talentförderung auf Leistungsniveau, zweitrangig, da dieses m.E. nur einen geringen Prozentsatz der Kinder und Jugendlichen anspricht. Durch eine auf Vielseitigkeit ausgelegte Ausbildung wie der vorliegenden, sollte es jedoch auch talentierten Kindern und Jugendlichen gelingen, sich eine Grundlage für ein späteres Leistungstraining anzueignen. Diese Kinder könnten ihr Training dann idealerweise durch zusätzliche Angebote der Olympiastützpunkte erweitern. Rein faktisch ist dies momentan in Hamburg noch nicht möglich, so dass die Kinder in andere Bundesländer (z.B. Niedersachsen) reisen oder auf Angebote in Schwimm- oder Leichtathletikabteilungen der Vereine zurückgreifen müssten (vgl. auch 3.3).

3.2.7. Nachhaltige Auswirkungen auf das weitere „Sportleben" und auf das Gesundheitsbewusstsein

Eines der Hauptanliegen dieses Konzepts ist es, den teilnehmende Kindern und Jugendlichen einen positiven Anstoß in Richtung Gesundheitsbewusstsein und Integration von Bewegung in den weiteren Lebensverlauf zu geben. Diesem Anliegen geht die, im Rahmen dieser Arbeit aus umfänglichen Gründen nicht weiter untersuchte, Annahme voraus, dass es einen positiven Zusammenhang zwischen sportlicher Bewegung und Gesundheit geben kann. Diese Thematik wird z.B. bei Knoll[101] und Schlicht[102] vertieft. Zunächst möchte ich in einem kurzen Exkurs das dieser Arbeit zugrunde liegende Gesundheitsverständnis darlegen:

Ich beziehe mich hier in der Hauptsache auf die von Gogoll[103] formulierte Definition von „Gesundheit als produktive Anpassung an Umweltanforderungen", die große Übereinstimmungen mit Antonovskys Modell der Salutogenese[104] aufweist. Hier wie dort „bedeutet Gesundheit, dass der Mensch das Potential besitzt, sich mit Erfordernissen der Umwelt angemessen auseinander zu setzen. Vorrangiges Ziel einer produktiven Anpassung ist die Selbsterhaltung des Individuums."[105] Dies gelte zum einen in der Medizin, wo sich eine solche Auffassung z.B. in Bezug auf das Immunsystem durchgesetzt hat. So braucht nach dieser Auffassung, jemand der infiziert ist, nicht krank zu werden. Im Gegenteil könne „der Mensch durch die Auseinandersetzung mit dem Erreger seine Resistenzkräfte gegen Infektionen aufgrund biomedizinischer Anpassungsprozesse erhöhen."[106] In der neueren

---

[101] vgl. Knoll, M., Sporttreiben und Gesundheit. Eine kritische Analyse vorliegender Befunde 1997.
[102] vgl. Schlicht, W., Wohlbefinden und Gesundheit durch Sport 1995.
[103] Gogoll, A.: Belasteter Geist – Gefährdeter Körper 2004, S. 22-24.
[104] Das Prinzip der Salutogenese beruht, im Gegensatz zur Pathogenese, auf der Annahme das Gesundheit kein Zustand ist, sondern, Menschen sich ständig in dem Kontinuum Gesundheit/Krankheit bewegen. Nach Antonowsky ist es dem Menschen möglich, durch aktive Anpassung an Stressoren, Risikoreduktion und Ressourcenentwicklung gesundheitsfördernd zu handeln. vgl. Bengel, J.: Was erhält Menschen gesund? Antonovskys Modell der Salutogenese- Diskussionsstand und Stellenwert 2002.
[105] Franke, 1993 in: Gogoll, A.: Belasteter Geist – Gefährdeter Körper 2004, S. 22-24.
[106] ebenda

sozialisationstheoretischen Gesundheitsforschung[107] wird produktive Anpassung als eine „aktive, kompetente und effiziente Form der Auseinandersetzung mit den unterschiedlichsten gesellschaftlichen Realitäten, Erfordernissen und Erwartungen"[108] beschrieben. „Ein Mensch ist demnach gesund, wenn er im Laufe seiner Persönlichkeitsentwicklung Fähigkeiten erworben hat, gegenüber Belastungen einen Gleichgewichtszustand zu erhalten."[109]

In diesem Sinne liegen die Anforderungen an dieses Konzept zum einen in der momentanen Befähigung der Kinder und Jugendlichen, an dem gegebenen Sportangebot teilzunehmen und zum anderen sie dahingehend zu motivieren, das Sporttreiben an sich als Fähigkeit zur Gleichgewichtsregulierung zu erkennen.

Wie bei den bereits diskutierten pädagogischen Anforderungen erwähnt, ist auch in diesem Punkt eine Abhängigkeit von Dauer und Intensität der Maßnahme und möglichen Folgen zu erwarten.

Fraglich bleibt, wie sowohl eine momentane, als auch eine dauerhafte Bindung an die Sportart praktisch realisiert werden kann. Um dieser Frage nachzugehen, möchte ich zunächst das (a) psychische Anforderungsprofil der Sportart Triathlon skizzieren und deren Relevanz im Trainingsprozess betrachten. Als nächstes sollen (b) entwicklungshemmende Belastungsfaktoren aus der Sicht junger SportlerInnen in die Überlegungen zum Thema einbezogen werden. Es folgt eine ergebnislogische Betrachtung der (c) Lehrperson (TrainerIn, ÜbungsleiterIn, SportlererIn), sowie abschließend eine Betrachtung zur (d) Motivation des dauerhaften Sporttreibens.

(a) Das psychische Anforderungsprofil der Sportart

Ich gehe hier von der von Frester formulierten Annahme aus, dass jede Sportart (bzw. Sportartengruppen) neben einem spezifischen physischen Anforderungsprofil (vgl. dazu Abschnitt 3.1.1 und 3.1.2) auch ein psychisches Anforderungsprofil hat. Demnach werden in allen Handlungsphasen der Bewältigung sportmotorischer Anforderungen psychische Leistungsvoraussetzungen benötigt.[110] Für die kraftausdauerorientierten Sportarten wie beispielsweise Leichtathletiklanglauf, Schwimmen, Triathlon, Rudern und Skilanglauf, nennt Frester als vorrangige

---

[107] vgl. Hurrelmann, K.: Einführung in die Sozialisationstheorie, Weinheim, Basel 1993 in: Gogoll, A.: Belasteter Geist – Gefährdeter Körper 2004, S. 22-24.
[108] Paulus, 1994 in : Gogoll, A.: Belasteter Geist – Gefährdeter Körper 2004, S. 22-24.
[109] Bründel/Hurrelmann, 1996 in : Gogoll, A.: Belasteter Geist – Gefährdeter Körper 2004, S. 22-24.
[110] vgl. Frester, R.: Mentale Fitness für junge Sportler, Göttingen:, 1999, S.13 ff.

psychische Merkmale: Mobilisationsfähigkeit, Willensspannkraft, Steigerungsfähigkeit, psycho-physische Regenerationsfähigkeit, Konzentrationsausdauer und Selbstüberwindung. Es handelt sich hierbei vornehmlich um Aspekte der Antriebsregulation. „Psychische Komponenten der Antriebsregulation motivieren die sportliche Tätigkeit, bestimmen das Handlungsziel des Sporttreibenden, legen den Energieaufwand fest, mit dem er sportliche Anforderungen bewältigt und sind dafür verantwortlich, mit welcher Konsequenz Handlungsziele verfolgt oder bei Bedarf korrigiert werden."[111] Weitere psychische Komponenten der Leistungsstruktur, die für die Sportart Triathlon zwar nicht von primärer, jedoch nicht zu vernachlässigender, Bedeutung sind, werden in folgender Abbildung dargestellt.

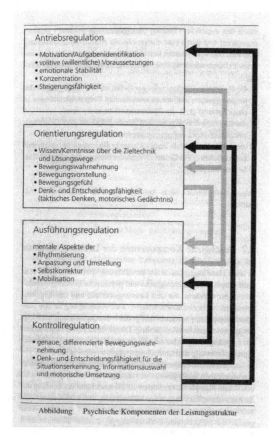

Abbildung Psychische Komponenten der Leistungsstruktur

Abbildung 6: Psychische Komponenten von Leistungssport. In: Frester, R.: Mentale Fitness für junge Sportler. Göttingen 1999, S. 53.

---

[111] ebenda

Eine maßgebliche Vorraussetzung zur Entwicklung dieser Komponenten sieht Frester „in der Erschließung bewusster Zugänge zu sensomotorischen Prozessen, weil im psychologischen Sinne nur das reguliert werden kann, was bewusst ist."[112] Dies erfordere wiederum eine „stärkere Nutzung und bewusste Bearbeitung sowie Erschließung körpereigener Informationen durch den Sportler, insbesondere durch eine bewusstere Arbeit mit sensomotorischen Übungsformen".[113]

Ich teile Fresters Ansicht, dass dieser Prozess oft durch ein Übermaß an Informationen, Vorgaben und Ratschlägen von TrainerInnen, ÜbungsleiterInnen und SportlehrerInnen vereitelt werden. Als Anforderung an das vorliegende Konzept formuliere ich dementsprechend die Maßgabe, möglichst viele sensomotorische Übungsformen in den Trainingsverlauf einzubauen. Als Beispiel hierfür seien an dieser Stelle die subjektive Belastungssteuerung (vgl. auch 3.1.1.1) genannt sowie die Ausführungen zu den koordinativen Fähigkeiten in Abschnitt 3.1.2.

(b) Entwicklungshemmende Belastungsfaktoren aus der Sicht junger SportlerInnen

Neben den oben genannten psychischen Anforderungen, spielen m.E. auch subjektive Einschätzungen der Belastungsfaktoren von Seiten der SportlerInnen eine tragende Rolle. Oft entscheiden gerade diese Faktoren darüber, ob die Teilnahme an einem Sportangebot abgebrochen oder verlängert wird. Eine Befragung von 185 Kindern und Jugendlichen im Alter von 11 bis 18 Jahren zeigte hierzu diese Ergebnisse.[114]

Folgende Stressoren wurden von den Befragten als solche mit einer „stark negativen Wirkung" eingestuft:

- ein gestörtes Vertrauensverhältnis zum Trainer/Übungsleiter (Antipathie)
- müde durch vorangegangene außersportliche Belastungen (Schulunterricht, Arbeit, andere Freizeittätigkeiten)
- langweilige Trainingsstunden und häufiger Trainingsausfall
- zu wenig Wettkämpfe und organisierte Leistungsvergleiche

---

[112] ebenda, S.24
[113] ebenda
[114] Bei der Befragten handelte es sich um Kinder und Jugendliche aus Sport-Arbeitsgemeinschaften (Kooperation Verein-Schule) und aus Sportverbänden (B-, C- und D-Kader der Sportarten Badminton, Leichtathletik, Wasserspringen, Skispringen, Kanu, Eiskunstlaufen, Tischtennis). In: Frester, R.: Mentale Fitness für junge Sportler 1999, S.25-28.

- schlechte Trainingsbedingungen (Geräte, Halle, Anlagen, Duschen)
- fehlende Erfolgserlebnisse

Mit etwas geringerer Ausprägung werden als Belastung erlebt:
- unzureichende Regenerationsmöglichkeiten
- Zeitprobleme durch eine Vielzahl anderer Aktivitäten
- Leistungsdruck
- lange oder ungünstige Anfahrtswege zum Training
- Konflikte mit Eltern, Freunden oder Freund/Freundin
- unzureichender sozialer Kontakt zu anderen Trainingsgruppenmitgliedern

Diese Ergebnisse verdeutlichen meiner Ansicht nach das Bedürfnis der Kinder und Jugendlichen, in einem gesunden sozialen Klima Sport zu treiben. Besonders dem Verhältnis zur Lehrperson (vgl. (c)) wird eine große Bedeutung zugeordnet. Wichtig scheint aber ebenso ein freudebetonter, abwechslungsreicher und zuverlässiger Trainingsbetrieb der den individuellen Bedürfnissen der SportlerInnen entgegenkommt. Des Weiteren scheint es notwendig, bei der Planung von Training und Wettkämpfen andere Aktivitäten der SportlerInnen mit einzubeziehen um Zeitdruck zu vermeiden. Besonders in Bezug auf die Sportart Triathlon bedeutet das, ein Überdenken der bei Erwachsenen üblichen Praxis eines mindestens dreimaligen Trainings pro Woche.

(c) Die Lehrperson (TrainerIn, ÜbungsleiterIn, SportlehrerIn)

Anstelle von allgemein formulierten Anforderungen an die Lehrperson, möchte ich an diese Stelle Antworten von Kindern und Jugendlichen auf die Frage nach der idealen Lehrperson setzen. Als Grundlage dient eine Befragung Fresters von 280 SportlerInnen im Alter von 10 bis 18 Jahren.[115] Zusammenfassend formuliert er die Ergebnisse wie folgt:
- die jungen Sportler wünschen sich einen emotional einfühlsamen und menschlich vertrauenswürdigen Trainer, mit dem sie auch persönliche Probleme besprechen können, die außerhalb des Sports liegen;

---

[115] vgl. Frester, R.: Mentale Fitness für junge Sportler 1999, S. 54-57.

- der Trainer sollte gerecht gegen jedermann sein, niemanden bevorzugen, selbst Disziplin zeigen und die einmal beschlossenen Anforderungen konsequent umsetzen;
- alle fordern, „der Trainer muss mich anspornen und motivieren können";
- eine hohe Fachkompetenz wurde von den meisten Sportlern gewünscht, aber immer mit der Einschränkung, „der Trainer muss sein Wissen auch anschaulich und für jeden verständlich vermitteln können."

(d) Die Motivation zum dauerhaften Sporttreiben

Neben den in (a) bis (c) genannten Faktoren soll an dieser Stelle noch eine weitere, m.E. grundlegende, Ursache für die Motivation zum dauerhaften Sporttreiben erwähnt werden. Nach Frester ist es: „Für die Entwicklung stabiler Motive zum dauerhaften Sporttreiben (...) bedeutsam, ob bei jungen Sportlern eine primäre (intrinsische) oder sekundäre (extrinsische) Motivation vorliegt."[116] Als intrinsisch bezeichnet er in diesem Zusammenhang Motive bei denen der Sportler oder die Sportlerin durch die sportliche Betätigung unmittelbar Freude erlebt und sein/ihr Wohlbefinden dadurch steigert. Bei extrinsischen Motiven hingegen handle es sich um eher auf die Außenwelt bezogene Beweggründe, wie z.B. durch den Sport viel Geld zu verdienen oder eine gute Figur zu bekommen. Ich teile Fresters Ansicht, dass es folglich in der Motivation zum dauerhaften Sporttreiben um die Ummodellierung von zunächst oft extrinsischen in intrinsische Motive gehen muss. Eine wirksame Maßnahme hierzu könnte unter anderem das Erarbeiten von realen, aber trotzdem herausfordernden persönlichen Leistungserwartungen sein, die durch die Einbeziehung des Trainierenden in seiner Gesamtheit, selbst vorangetrieben wird.[117]

---

[116]. Frester, R.: Mentale Fitness für junge Sportler 1999, S. 69-70.
[117] vgl. ebenda

3.3. Strukturelle Voraussetzungen (Vereins- und Verbandsstrukturen)

An dieser Stelle sollen die strukturellen Voraussetzungen für die Kinder- und Jugendarbeit, insbesondere in Hamburg kurz, beschrieben werden[118]. Zudem sollen die aus dieser Struktur resultierenden Probleme und Chancen diskutiert werden. Der Hamburger Triathlon Verband (HHTV) ist einer, der in jedem Bundesland existierenden, Landesverbände der Deutschen Triathlon Union. Die Landesverbände unterscheiden sich in ihrer Struktur ganz erheblich voneinander. So haben die Landesverbände der großen Flächenländer, wie z.B. Bayern und Niedersachen, wesentlich höhere Mitgliederzahlen als die der Stadtstaaten wie Bremen oder Hamburg. Auch bei den strukturellen Voraussetzungen, wie Anzahl der hauptamtlichen MitarbeiterInnen oder der dem Verband zur Verfügung stehenden Räumlichkeiten und finanzieller Mittel, gibt es ganz bedeutende Unterschiede. Im Rahmen dieser Arbeit soll auf diese Unterschiede jedoch lediglich hingewiesen werden und im Folgenden ausschließlich die Situation vor Ort, d.h. die Struktur des HHTV thematisiert werden.

3.3.1. Die Struktur des Hamburger Triathlon Verbandes

Der Hamburger Triathlonverband hat 23 Mitgliedsvereine mit insgesamt ca. 400 Mitgliedern. Das Verbandspräsidium hat 10 Mitglieder, die jeweils mit besonderen Aufgabengebieten betraut sind (z.B. Schatzmeister, Ligabeauftrager, Frauenbeauftragte etc.) Der amtierende Präsident ist Hellmut Lehmann. Er hält dieses Amt seit 13 Jahren inne. Einen oder eine speziell mit der Kinder- und Jugendarbeit Beauftragten gibt es momentan nicht. Der HHTV hat keine hauptamtlichen MitarbeiterInnen und keine Geschäftsstelle. Das Büro des Verbandes befindet sich im Privathaus des Präsidenten. Sitzungen des Präsidiums sowie andere Verbandsveranstaltungen werden im Sitzungsraum des Haus des Sports abgehalten. Die Anzahl der Mitgliedsvereine des Verbandes hat seit 2001[119] eine leicht steigende Tendenz.

---

[118] Wenn nicht anders angegeben, beziehe ich mich hierbei auf ein Interview mit dem amtierenden Präsidenten des Hamburger Triathlon Verbandes (HHTV) Hellmuth Lehmann vom 15.12.2005, eine Aufzeichnung dieses Interviews liegt vor.
[119] Im Jahr 2001 fand der erste „Holsten City Man", eine von der Eventagentur upsolut organisierten, Triathlongroßveranstaltung statt. Lehmann sieht hier einen klaren Zusammenhang.

3.3.2. Kinder- und Jugendarbeit im Hamburger Triathlon Verband

Nach Angaben Lehmanns gibt es derzeit **ein** jugendliches Mitglied im HHTV. Nur zwei der Mitgliedsvereine praktizierten Kinder- und Jugendarbeit. Es gibt, wie bereits erwähnt, keinen Jugendwart, kommissarisch dafür zuständig sei jedoch der derzeitige Sportwart. Faktisch gibt es demnach im HHTV zum jetzigen Zeitpunkt, sowie im Rückblick auf die Amtszeit des Präsidenten, keine Kinder- und Jugendarbeit. Ursächlich hierfür sieht Lehmann hauptsächlich ein mangelndes Interesse von Seiten der Mitgliedsvereine. Diese seien „nicht bereit und in der Lage sich in der Jugendarbeit zu engagieren". Von Seiten des Verbandes hätte es in der Vergangenheit mehrfach den Versuch gegeben Jugendbeauftragte zu etablieren. Diese seien jedoch immer nach kürzester Zeit „frustriert aus ihrem Amt geschieden". Auch hierfür sieht Lehmann die Verantwortung bei den Mitgliedsvereinen. Die Pläne zur Förderung der Kinder- und Jugendarbeit beschreibt Lehmann wie folgt:

- Mitwirkung und Unterstützung des 2. Hamburger Schülertriathlons,[120]
- Finanzierung der Ausbildung von zwei Jugendtrainern, die sowohl mit dem Aufbau von Jugendabteilungen in den Vereinen, als auch mit Lehrerfortbildungen zum Thema Triathlon beauftragt werden sollen.

Aus der Unterstützung des Schülertriathlons verspricht sich Lehmann „Druck aus der Masse" aufzubauen. Durch die hohen Teilnahmezahlen sollen die Vereine auf die Notwendigkeit und das Potential, welches im Kinder- und Jugendbereich des Triathlons liegt, aufmerksam gemacht werden. Kritisch dazu anmerken möchte ich, dass diese Maßnahme wohl Bedarf erzeugt, dieser aber in keiner Weise gedeckt werden kann. Es gab nach der ersten Veranstaltung viele Kinder und Jugendliche, die Triathlon weiter betreiben wollten, leider konnte ihnen weder von Seiten des Verbandes noch von Seiten der Vereine ein Angebot gemacht werden. Die Zusammenarbeit mit einer kommerziellen Agentur im Bereich der Kinder- und Jugendarbeit hält Lehmann für „unproblematisch" und bemerkt, dass ein Verein diese Arbeit nie hätte leisten können. Ich halte diese Aussage für diskussionswürdig. Meiner Ansicht nach sollte Nachwuchsarbeit nicht nahezu ausschließlich auf die

---

[120] Der 1. Hamburger Schülertriathlon fand im Jahr 2005 statt. Es handelte sich hierbei um eine gemeinsame Maßnahme der DTU, der upsolut- Event GmbH, vieler Hamburger Schulen und dem HHTV. An der Veranstaltung im Hamburger Stadtpark haben ca. 1300 Schüler teilgenommen.

finanziellen und personellen Ressourcen eines kommerziellen Triathlonanbieters gegründet werden. Zum einen wird dadurch ein Standard gesetzt, den die relativ kleinen Hamburger Vereine (maximal 100 Mitglieder) und auch der Verband nach einer möglichen Abkehr der Agentur vom Schülertriathlon nicht halten können. Zum anderen wird die m.E. ohnehin schon vorhandene Abhängigkeit des Verbandes von der Agentur noch verstärkt und nicht zuletzt muss gegen eine professionell organisierte Veranstaltung mit über 1000 TeilnehmerInnen jede Vereinsaktivität, mit einer Teilnahmekapazität von 30 oder weniger, als zu vernachlässigen erscheinen. Aus eben diesen Gründen halte ich eine aus den Vereins- und Verbandstrukturen erwachsene Kinder- und Jugendarbeit für notwendig und auch über den Trend Triathlon hinaus für überlebensfähig.

Als zweiten Punkt in der geplanten Förderung der Nachwuchsarbeit nennt Lehmann die Ausbildung von zwei Jugendtrainern im Rahmen einer B-Trainer Ausbildung der DTU. Diese sollen dann, so Lehmann, diverse Kinder- und Jugendabteilungen in den Vereinen gründen und mittelfristig Lehrerfortbildungen mit organisieren, ebenso wie die Kooperation Schule – Verein im Bereich Triathlon befördern. Es bleibt meines Erachtens abzuwarten, ob diese Erwartungen an die ehrenamtlich arbeitenden Trainer realistisch formuliert sind.

Neben diesen Bemühungen gibt es des Weiteren eine sich seit 2005 entwickelnde Zusammenarbeit des Vereins Aktive Freizeit und dem HHTV. Dort soll nach nun bereits zwei erfolgreich durchgeführten Kindertriathlon-Schnupperwochen eine dauerhafte Möglichkeit des Nachwuchstrainings geschaffen werden. Lehmann bemerkt in unserem Gespräch allerdings noch zu bewältigende Schwierigkeiten beim Beitritt des VAF in den HHTV. Auch hier bleibt zu hoffen, dass diese bürokratischen Hürden der Entwicklung der Nachwuchsarbeit nicht im Weg stehen werden.

Befragt nach weiteren Kooperationen mit anderen Verbänden und Vereinen, z.B. dem Schwimmverband, hält Lehmann diese für prinzipielle denkbar, gibt jedoch auch zu, dass „wir in die Richtung noch nicht geguckt haben" und in der Jugendarbeit zur Zusammenarbeit mit anderen Organisationen noch nicht der Bedarf gesehen wurde.

Zusammenfassend kann festgestellt werden, dass der Präsident des HHTV den Hauptgrund einer fehlenden Nachwuchsarbeit in mangelndem Engagement von Seiten der Mitgliedsvereine sieht. Die Verbandsarbeit zu diesem Thema wird, unter Anbetracht der vorhandenen personellen Möglichkeiten, als ausreichend bezeichnet.

Meines Erachtens liegt in diesem Hin- und Herschieben von Verantwortlichkeit das Hauptproblem der Zusammenarbeit von Vereinen und Verband.

Das vorliegende Konzept in die vorhandenen Verbandsstrukturen einzubinden scheint vor diesem Hintergrund nicht unproblematisch. Ob die Realisierung des Konzepts innerhalb des HHTV erfolgen kann, wird erst in der praktischen Umsetzung deutlich werden und soll deshalb an dieser Stelle nicht weitergehend thematisiert werden.

3.4. Organisation und Durchführung

Die Organisation und Durchführung von Triathlontraining und -veranstaltungen kann im Vergleich zu klassischen Kinder- und Jugendsportarten, wie Fußball oder Schwimmen als aufwendig bezeichnet werden. Durch das Neben- und Miteinander von drei Sportarten wird die Nutzung von mehreren Bewegungsräumen (u.a. Schwimmhalle, Sportplatz, Sporthalle, verkehrsberuhigte Zonen) notwendig. Insbesondere unter Berücksichtigung der sich im Jahresverlauf stetig verändernden Witterungsbedingungen, aber auch bei einer angenommenen Trainingshäufigkeit von maximal zwei Terminen pro Woche, wird deutlich, dass in einem Trainingsbetrieb mit Kindern- und Jugendlichen flexibel auf diverse Bewegungsräume zurückgegriffen werden muss. Aus finanziellen und strukturellen Gründen scheint es unrealistisch für eine Trainingsgruppe zeitgleich mehrere Sportstätten zu reservieren und einige davon ungenutzt zu lassen. Hier sollen deshalb kurz Lösungsansätze der Problematik vorgestellt werden, die maßgeblich auf eine Nutzung vorhandener Ressourcen und Kooperation diverser Vereine und Verbände beruhen. Als Denkrichtung sei hier nochmals auf die im ersten Kapitel erwähnte Zusammenarbeit von Radsport- und Leichtathletikverband, als auch auf ungewöhnlich anmutende Kombinationen von sportlichen Wettkämpfen, wie den Wettkampf des FC Württemberg, bei dem die drei Sportarten Radfahren, Eislaufen und Fußball nacheinander durchgeführt wurden, verwiesen. Denkbar ist m.E auch eine Einbindung der vielen in Hamburg vorhandenen kommerziellen und vereinseigenen Fitnesszentren. Diese verfügen, wie z.B. der VAF oder das Meridian Fitnesszentrum in Bahrenfeld, oft über ein eigenes Schwimmbad sowie diverse Bewegungsräume. Die Auslastung dieser Zentren ist, in den für Kinder- und Jugendliche relevanten Zeiten von ca. 14.00-18.00 Uhr, in der Regel eher gering.

Das eine solche Zusammenarbeit gewollt ist, kann an dieser Stelle nur angenommen werden, bleibt jedoch bei der geplanten weiteren praktischen Umsetzung des Konzepts zu testen.

4. Beispiel der praktischen Durchführung des Konzepts anhand einer Kinder-Triathlon-Schnupperwoche im Verein Aktive Freizeit e.V. in Hamburg

In dem folgenden Kapitel werde ich eine, auf Grundlage dieses Konzeptes durchgeführte Kinder-Triathlon-Schnupperwoche, beschreiben. Ich habe diese Maßnahme, gemeinsam mit einem zweiten, männlichen Trainer, im Frühjahr 2005 angeleitet. Die in 4.2.1 dargestellte Wochenübersicht entspricht dem Planungsstand vor der Durchführung, im darauf folgenden Abschnitt wird deutlich, dass diese Planung nicht vollständig der tatsächlichen Durchführung entsprach, da wir uns viel nach den Wünschen der teilnehmenden Kinder gerichtet haben. Das exemplarische Tagesprogramm in 4.2.2 enthält subjektive Reflektionen aus Sicht o.g. Lehrpersonen. In der abschließenden Reflexion der Maßnahme wird versucht, die in der Schnupperwoche gewonnenen Erfahrungen zusammenzufassen und für weitere Angebote nutzbar zu machen.

4.1. Planung des Angebotes

Die erste Planungsphase begann Anfang November 2004. Meine ursprüngliche Idee war, im Hochschulsportförderverein der Universität Hamburg eine Sparte Triathlon mit einer Kinder- und Jugendabteilung zu gründen. Diese Idee wurde aus verschiedenen Gründen von der Leitung des Hochschulsports abgelehnt. Folglich habe ich mich entschieden, ein Kurzkonzept über die Durchführung von Triathlonangeboten im Kinder- und Jugendbereich, zur Vorlage bei Hamburger Sportvereinen, zu erstellen. (Kurzkonzept s. Anhang)
Nach Vereinbarungen mit der Geschäftsführung des Vereins Aktive Freizeit e.V. (VAF) wurde im Dezember 2004 der Rahmen zur Erprobung des Konzepts abgesteckt. Im März 2005 sollten zunächst ein einwöchiger Schnupperkurs und im Anschluss ein dreimonatiger, fortlaufender Triathlonkurs für Kinder im Alter von 8-12 Jahren stattfinden.
Diese Angebote wurden, sowohl im Kursprogramm des VAF, als auch auf der Jugendseite des Fachmagazins „triathlon" beworben. (Ankündigungstexte s. Anhang). Außerdem wurden ca. 50 Hamburger SportlehrerInnen, im Rahmen einer

Fortbildung des Instituts für Lehrerfortbildung (Ifl) zum Thema Triathlon, über die Maßnahmen informiert.
In den Hamburger Frühjahrsferien findet dann der erste Schnupperkurs statt.

4.2. Darstellung der Kursinhalte

Die Kursinhalte der Schnupperwoche werden in der Folge kurz dargestellt. Es schließt die detaillierte Darstellung und Diskussion eines ausgewählten Tagesprogramms, sowie eine Reflexion der Maßnahme, an.

4.2.1. Kursinhalte der Schnupperwoche

Montag	Dienstag	Mittwoch	Donnerstag	Freitag
Begrüßungsrunde	Begrüßung und Vorstellung des geplanten Tagesablaufs	Begrüßung und Vorstellung des geplanten Tagesablaufs	Begrüßung und Vorstellung Ablauf des Minitriathlons	frei
Vorstellung der Kursinhalte und der Spielregeln	Radfahrt zum Park	Radfahrt zum Park	Teil 1 des Mintriathlons: Schwimmen	
Sicherheitscheck Räder	Aufwärmspiele Laufen	Aufwärmspiele mit Rad	Teil 2: Umziehen zum Radfahren	
Radfahrt zum Park	Einführung Lauf ABC	Freies Spiel	Radfahrt zum Park	
Aufwärmspiele ohne Rad	Biathlon: Laufen und Werfen	Aufbau und Erläuterungen einer Wechselzone	Teil 3: Radfahren mit Wechsel zum Laufen	
Spiele mit Rad	Radfahrt zum VAF	Mannschafts-duathlon	Teil 4: Laufen	
Radparcours	Mittagspause	Radfahrt zum VAF	Radfahrt zum VAF	
Radfahrt zum VAF	Aufwärmspiele im Wasser	Mittagspause	Abschlussfeier	
Mittagspause	Spielformen zur Schwimmtechnik	Koordinations-übungen mit Hilfsmitteln		
Spiele im Wasser	Freies Spielen und Springen im Wasser	Freies Spielen und Springen im Wasser		
Freies Spielen und Springen im Wasser				

4.2.2. Beispielhaftes Tagesprogramm

Im Folgenden wird exemplarisch ein Tagesprogramm (Dienstag) aus dem Wochenplan vorgestellt.

1. Begrüßung und Vorstellung des geplanten Tagesablaufs
Die Kinder werden zwischen 9.45 und 10.10 Uhr von ihren Eltern gebracht. Die Zwischenzeit verbringen wir in den Räumen des Bewegungskindergartens des VAF. Einige Kinder unterhalten sich, andere stellen Fragen, manchen Kindern wird die Wartezeit bereits zu lang. Wir (die Kursleitung) stellen den Kindern den Tagesablauf wie folgt vor: „Heute geht es hauptsächlich um das Thema Laufen und Werfen. Wir wollen einen Biathlon machen und nach der Mittagspause ins Schwimmbad gehen." Ein Kind fragt, wie wir ohne Schnee einen Biathlon machen könnten. Wir erklären, dass wir einen Biathlon mit den Disziplinen Laufen und Werfen machen wollen. Die Kinder scheinen mit dem Tagesprogramm einverstanden zu sein. Auf der Rückfahrt mit dem Rad am Vortag hat es Probleme mit dem Verhalten im Straßenverkehr gegeben. Um mögliche Gefahren zu vermeiden, halten wir es für notwendig, die schon am Montag aufgestellten Regeln zum Fahren in der Gruppe nochmals nachdrücklich zu wiederholen. Die Kinder sind einsichtig und die Fahrt zum Park, entlang einer mehrspurigen Hauptverkehrsstraße, erfolgt diesmal ohne Zwischenfälle. Es wird jedoch deutlich, dass das Fahren in einer großen Gruppe für die meisten Kinder eine neue Erfahrung darstellt und deshalb einiger Übung und Erklärung bedarf.

2. Aufwärmspiele Laufen
Wir beginnen mit dem „Planetenspiel". Jedes Kind ist ein Planet, nun soll heimlich ein anderer Plantet ausgesucht werden, den das Kind umkreist, danach werden zwei Planeten ausgesucht die umkreist werden sollen. Das Spiel führt zu einen schnellen und chaotischen Durcheinanderlaufen, die Kinder lachen viel und fordern einen zweiten Durchlauf. Danach spielen wir ein Fangspiel, bei dem unterschiedliche Bälle als Klippo benutzt werden. Hierbei taucht das Problem auf, dass einige Kinder den Ball einfach bei sich behalten und ihn nicht abspielen. Nach Protest einiger Kinder unterbrechen wir das Spiel und kommen zu der Einigung, dass man mit dem Ball nur drei Schritte machen darf und dann abspielen muss. Auch mit dieser Regelung sind die Kinder noch nicht zufrieden und beschließen, ein anderes Spiel beginnen zu

wollen. Die Kinder wünschen sich Kettenkriegen, nach einiger Spielzeit wird deutlich, dass die Jungen keine Kette mit einem Mädchen bilden wollen. Das Spiel läuft trotzdem weiter und wir gehen nicht auf diese Problematik ein.

3. Einführung Lauf ABC

Wir stellen kurz einige Übungen aus dem Lauf ABC vor (Anfersen, Kniehub, Fußgelenksarbeit, Hopserlauf) und erläutern deren Sinn. Es stellt sich heraus, dass einige Kinder die Übungen bereits aus ihrem Fußball- oder Leichtathletiktraining kennen. Diese Kinder sind stolz, ihre bereits vorhandenen Fähigkeiten zeigen zu können. Dazu gehören die drei Mädchen, die bei den Fangspielen etwas im Hintergrund standen. Alle Kinder machen die Übungen erstaunlich konzentriert mit.

4. Biathlon : Laufen und Werfen

Nach der Ankündigung, jetzt einen kleinen Biathlon zu veranstalten, reagieren die Jungen mit Unmut. Die Lauf ABC Übungen haben sie an ihr Fußballtraining erinnert und jetzt wollen sie Fußball spielen. Da wir eingangs nur eine einzige Grundregel aufgestellt haben, die festlegt, dass in der Schnupperwoche alles erlaubt ist, was niemanden gefährdet, ärgert oder verletzt, geben wir dem Wunsch der Jungen nach Fußball zu spielen. Die Mädchen zeigen jedoch Interesse an dem angekündigten Biathlon. Wir bauen einen Parcours auf, der wie folgt aussieht:
Es gibt zwei Runden, die Laufrunde und die Wurf- bzw. Strafrunde. Die Laufrunde ist durch Hütchen und Bäume markiert. Für die Wurfrunde bilden vier Hütchen ein Viereck, in dem Viereck befindet sich ein liegendes Hütchen, welches das Ziel für den Tennisball darstellt. Es gibt eine festgelegte Abwurflinie. Die Laufrunde wird einmal durchlaufen, dann geht es auf die Wurfrunde. Bei jedem Fehlwurf muss eine Strafrunde (maximal dreimal) gelaufen werden. Die Mädchen bestehen auf eine Zeitnahme ihrer Durchgänge und spielen mit großer Begeisterung. Sie feuern sich gegenseitig an. Hierauf werden die Jungen aufmerksam und erscheinen zunächst als Zuschauer am Spielrand und wollen dann nach und nach auch am Spiel teilnehmen. Die Kinder sind sehr ehrgeizig und auf schnelle Zeiten erpicht. Die Jungen wollen unbedingt die Zeiten der Mädchen unterbieten. Die Kombination aus Geschicklichkeit und Schnelligkeit macht den Ausgang dieses Wettkampfes sehr spannend. Die Kinder spielen bis weit über die dafür vorgesehene Zeit hinaus. Danach fahren wir gemeinsam mit dem Rad zurück zum VAF und gehen nach einer kurzen Pause in die

Schwimmhalle. Die Pause mussten wir den Kindern fast aufdrängen, da ihr Wunsch, sofort ins Wasser zu gehen, größer war, als ihr Bedürfnis zu essen oder zu trinken.

5. Aufwärmspiele im Wasser
- „Ameisenschwimmen", beide gleich große Hälften einer Gruppe transportieren verschiedene Gegenstände hin und her. Manche davon sind so groß, dass sie nur zu zweit transportiert werden können. Welche Gruppe hat zuerst alle Geräte zweimal hin- und her transportiert? Dieses Spiel scheint den Kindern Spaß zu machen. Sie fordern einen zweiten Durchlauf ein.
- „Staffel mit Brett", Pendelstaffel bei der das Becken auf dem Brett sitzend, stehend und liegend überquert wird. Dieses Spiel birgt einige Probleme in sich. Die Gruppenaufteilung haben wir den Kindern überlassen, daraus resultierten zwei sehr unterschiedlich schnelle Gruppen. Der Anteil an Geschicklichkeit war im Vergleich zum Anteil an Schnelligkeit nicht groß genug.

6. Spielformen zur Schwimmtechnik
- Rückwärtsschwimmen und Füße voraus
- Hundepaddeln
- Raddampfer
- mit Brett: ins Wasser ausatmen (blubbern)
- Freies Spielen und Springen im Wasser:
Das gesamte Material kann benutzt werden (Flossen, Bretter, Tauchringe, Sprungturm). Wir sind im Wasser und bieten uns bei Bedarf als Lehrer an. Einige Kinder möchten an ihrer Krueltechnik arbeiten, ein Kind möchte Delphin schwimmen lernen. Einige Kinder organisieren kleine Wettspiele im Tauchen, die meisten Kinder nutzen den Sprungturm (kein Mädchen) und die Badeinseln. Die Mädchen möchten nicht mit den Jungen springen, so beschließen wir am Folgetag 10 min nur für die Mädchen auf dem Sprungturm zu reservieren. Sie akzeptieren dieses Angebot.

4.2.3. Reflexion der Maßnahme

Meiner Ansicht nach kann die durchgeführte Schnupperwoche als Erfolg gewertet werden. Alle Kinder sind regelmäßig erschienen und wirkten nahezu durchgängig motiviert und begeistert. Drei der teilnehmenden neun Kinder haben sich im Anschluss an die Maßnahme für ein fortlaufendes Triathlonangebot angemeldet. Zwei weitere Kinder zeigten hieran Interesse, konnten eine Teilnahme aus organisatorischen Gründen (bereits Fußballtraining am gleichen Tag, zu langer Anfahrtsweg zum VAF) nicht realisieren. Trotzdem soll hier eine kritische Auseinandersetzung mit den Inhalten und Organisation der Woche folgen:

1. Die angegebene Altersspanne 8-12 Jahren hat sich als etwas zu groß erwiesen. Die Unterschiede in den physischen und psychischen Voraussetzungen der Kinder waren somit schon auf Grund ihres Alters groß. Wenn möglich, sollte eine weitere Differenzierung nach Altersstufen erfolgen, z.B. 8-10 Jahre, bzw. 10-12 Jahre. Aus der Ausschreibung sollte zudem erkennbar sein, dass es Ausnahmen von dieser Alterseinstufung geben kann, wenn das Kind oder die Eltern diese für richtig halten. So gab es im ersten Durchlauf einen Jungen, der zwar bereits 10 Jahre alt war, auf Grund einer zurückliegenden, schweren Erkrankung etwa den Entwicklungsstand der teilnehmenden 8-jährigen hatte. Außerdem stellte sich im Verlauf der Woche heraus, dass ein Junge bereits 13 Jahre alt war. Er hatte bei der Anmeldung ein falsches Alter angegeben, aus Angst sonst nicht an dem Angebot teilnehmen zu können. In beiden Fällen wäre eine flexible Alterseinstufung sinnvoll gewesen.

2. Die Radfahrt vom morgendlichen Treffpunkt im VAF Gebäude zum Volkspark, in dem die meisten Praxiseinheiten stattfanden, hat sich problematischer als im Vorfeld angenommen erwiesen. Viele der teilnehmenden Kinder hatten keine, bzw. wenig Erfahrung im Radfahren im Straßenverkehr. Es bedarf hier m.E. einer längeren Vorbereitung, z.B. durch die Eltern oder in fortlaufenden Maßnahmen durch die Lehrenden. Wenn wie im Rahmen einer Schnupperwoche die Zeit für solche, mehrtägigen Übungsprogramme zum Verhalten im Straßenverkehr fehlen, sollten sehr klaren und verständliche Verhaltensregeln aufgestellt und durchgesetzt werden um eine mögliche Gefährdung der Kinder zu vermeiden.

3. Technikübungen im Schwimmen, besonders in der Gruppe, haben sich in diesem Rahmen als problematisch erwiesen, da die Kinder über sehr unterschiedlich ausgeprägte Fähigkeiten im Schwimmen verfügten (vom gerade 50m schwimmen können, bis jahrelange Wasserball-Vorerfahrung). Außerdem fanden die Wassereinheiten immer am Ende des Tages statt. Die Kinder waren zu diesem Zeitpunkt oft schon recht erschöpft und wenig bereit, sich auf gezielte Übungen zu konzentrieren. Besser geeignet scheinen hier angeleitete Spielformen und vor allem das Freie Spiel im Wasser. Im Rahmen einer fortlaufenden Maßnahme, in der das Schwimmen einen festen Platz hat, sind aber auch andere Übungsformen (s. Anhang) denkbar.

4. Ein, im Laufe der Woche mehrfach auftretendes, Problem war die Gruppeneinteilung, z.B. bei Staffelspielen. Eine den Kindern überlassene Aufteilung führte meist zu einer sehr unausgeglichenen Mannschaftsaufteilung (eine „schnelle" eine „langsame" Gruppe). Zur Lösung dieses Problems wurden als erste Möglichkeit die Gruppeneinteilung von der Kursleitung vorgenommen und zum zweiten Staffeln gewählt, die sich nicht allein durch Schnelligkeit, sondern vielmehr durch eine Kombination aus Geschicklichkeit und Schnelligkeit gewinnen ließen. So war der Ausgang des Wettbewerbs nicht von vornherein klar und auch weniger schnelle Kinder konnten sich mit ihren Fähigkeiten am Erfolg ihrer Mannschaft beteiligen. Denkbar wären hier auch Übungsformen aus dem Orientierungslauf (s. Anhang).

Bei der Durchführung des Minitriathlons am letzten Tag haben wir uns in Bezug auf die zurückzulegenden Distanzen auf die im Rahmen des Triathlonabzeichens der DTU angegebenen Streckenlängen gestützt. Die DTU sieht zur Erlangung des Abzeichens folgende Alters- und Streckenangaben[121] vor:

	Alter	Schwimmen	Radfahren	Laufen
Bronze	6-9 Jahre	25m	1km	200m
Silber	10-13 Jahre	100m	2,5km	400m
Gold	14-18 Jahre	200m	5km	1000m

---

[121] Weitere Informationen zum DTU-Jugendabzeichen unter http://www.dtu-info.de

Diese Vorgaben haben sich als problematisch erwiesen. Für die teilnehmenden Kinder stellten die für ihre Altersstufe angegebenen Streckenlängen keine Herausforderung dar. Außerdem empfanden sie es als ungerecht, auf Grund ihres Alters, nicht ihrer Fähigkeiten, die Möglichkeit versagt zu bekommen, ein Gold-Abzeichen zu erhalten. Wir haben den Kindern daraufhin die Option freigestellt eine längere Distanz zu absolvieren. Alle bis auf ein Kind haben diese Möglichkeit wahrgenommen und die gewählte Strecke problemlos bestritten.

Das DTU-Abzeichen bedarf m.E. einer differenzierten Überarbeitung. Die bewusst kurzen Streckenlängen sollen Kinder und Jugendliche vor Überforderung schützen. Sie dürfen bei bereits sportlich aktiven Kindern jedoch nicht zu einer Unterforderung werden und sollten deshalb flexibler auslegbar sein.

Im Vorfeld habe ich das Hinzunehmen des Abzeichens in die Schnupperwoche als grundsätzlich kritisch betrachtet, auch im Nachhinein halte ich aus o.g., aber auch aus weiteren Gründen an dieser Kritik fest. Das Abzeichen hatte für die teilnehmenden Kinder einen großen motivationalen Inhalt. Es kann aber, folgt man der DTU-Regelung nur dreimal und auch nur in mehrere Jahre überdauernden Abständen absolviert werden. Somit ist für mich die langfristige Wirkung dieser Motivation stark in Frage gestellt. Dennoch halte ich es für die kurzfristige Trainingsmotivation, wie die Erfahrung der beschriebenen Schnupperwoche zeigt, für geeignet, aber nicht zwingend notwendig.

Abschließend möchte ich bemerken, dass es im Rahmen einer Schnupperwoche nicht möglich war, die Vielseitigkeit der praktischen Umsetzungsmöglichkeiten des vorliegenden Konzepts zu demonstrieren. Im Anhang findet sich deshalb eine Reihe von Literaturangaben mit Spiel- und Übungsvorschlägen die, im Sinne eines freudvollen, eigenmotivierten, gesundheitsorientierten Triathlontrainings zu weiteren Maßnahmen passen sollten.

5. Abschließende Bemerkung

Die vorliegende Arbeit soll einen Einblick in die Möglichkeiten des Triathlons in der Kinder- und Jugendarbeit geben. Sie bringt viele Argumente für ein freudvolles, eigenmotiviertes, gesundheitsorientiertes und lebenslanges Training in dieser Ausdauersportart. Für die praktische Umsetzung des Konzepts war im Rahmen dieser Arbeit nur eine Woche vorgesehen. Ich bin überzeugt, dass die mehrmalige Durchführung von Triathlonangeboten im Sinne dieser Arbeit, aber auch die Umsetzung auf dauerhafte Angebote, im Rahmen von Kinder- und Jugendarbeit in Vereinen und anderen Organisationen, eine positive Wirkung auf das Sport(er)leben von Kindern und Jugendlichen haben kann. Hierbei gilt es sicherlich einige Widerstände zu überwinden. Die Resonanz der Kinder die an der Schnupperwoche teilgenommen haben, motiviert mich jedoch die Idee, trotz dieser Hindernisse weiter vorantreiben zu wollen.

6. Literaturverzeichnis

Aschwer, H.: Triathlontraining. Aachen 2002.

Atkinson, J.W.: Motivational determinants of risk-taking behaviour. Psychological Reveiw, 64, S. 359-372. In: Oerter, R./Montada, L. (Hrsg.): Entwicklungspsychologie. Weinheim 2002.

Baur, J./Beck, J.: Vereinsorganisierter Frauensport. Aachen 1999.

Bengel, J.: Was erhält Menschen gesund? Antonovskys Modell der Salutogenese - Diskussionsstand und Stellenwert. Köln 2002.

Bergmann, K./Heuwinkel, D.: Sportverhalten und Einstellungen im Sport im Landkreis Hameln/-Pyrmont 1987/88. Hannover 1988; Rittner et al: Sportinfrastruktur Kreis Neuß. Bd 1 und 2. Köln Aufl.1989; Hübner, H./ Kirschbaum, B.. Sporttreiben in Bremerhaven – Ergebnisse der Sportverhaltensanalyse (Bürgerbefragung 1992); Woll, A.: Gesundheitsförderung in der Gemeinde. Neu-Isenburg 1996. Alle in: Baur, J./Beck, J.: Vereinsorganisierter Frauensport. Aachen 1999.

Bisanz, G. u.a.: Fußball-Lehrplan (1985). In: Nagel, V./Wulkop, M.: Techniktraining im Hockey. Hamburg 1992.

Böhmert, V.: Eine preusische Centralstelle für Arbeiterwohlfahrt (1891) In: Habenicht, J.: Triathlon Sportgeschichte. Bochum 1991.

Breivik, G.: Friluftsliv – noen filosofiske og pedagogiske aspekter (1979). In: Voigt, J.: friluftsliv - Lieferant neuer Impulse für den outdoor-Boom. Diplomarbeit Hamburg 2002.

Bremer, D.: Handlungsorientierte Lehr- und Lernmodelle im Tennis. In: Hochschulsport Jg. (1985), Heft 11, S.11-18.

Brodtmann, D.: Gesundheitsförderung im Schulsport. In: Sportpädagogik 3/1998, S.24.

Bründel, H./Hurrelmann, K.: Einführung in die Kindheitsforschung (1996). In : Gogoll, A.: Belasteter Geist – Gefährdeter Körper. Schorndorf 2004.

Chrustschow, S., et al: Der Einfluß von Sport auf den kardiorespiratorischen Apparat von Jugendlichen. In: Medizin und Sport 15 (1975), S. 365-369.

Diem, C.: Anleitung zur Veranstaltung athletischer Wettkämpfe. In: Athletik-Jahrbuch. Berlin 1905.

Diem, C.: Handbuch der Leibesübungen, Bd.1. Berlin 1923.

Diem, C.: Weltgeschichte des Sports und der Leibeserziehung. Stuttgart 1960.

DUDEN, - Fremdwörterbuch. Mannheim 1990

Ebert, J.: Olympia von den Anfängen bis zu Coubertin (1980). In: Habenicht, J.: Triathlon Sportgeschichte. Bochum 1991.

Eichberg, H.: Der Weg des Sports in die industrielle Zivilisation. Baden Baden 1973.

Engelhardt, M./Kremer, A.: Triathlon perfekt. München 1987.

Eppstein, G.v. (Hrsg.): Fürst Bismarcks Entlassung (1920). In: Habenicht, J.: Triathlon Sportgeschichte. Bochum 1991.

Faarlund, N.: Om friluftsliv kontra sport og idrett (1978). In: Voigt, J.: friluftsliv - Lieferant neuer Impulse für den outdoor-Boom. Diplomarbeit Hamburg 2002.

Faye, A./Heringsteld, H.: Friluftsliv i Norge 1970-1982 (1984). In: Voigt, J.: friluftsliv - Lieferant neuer Impulse für den outdoor-Boom. Diplomarbeit Hamburg 2002.

Franke, A.: Die Unschärfe des Begriffs „Gesundheit" und seine gesundheitspolitischen Auswirkungen (1993). In: Gogoll, A.: Belasteter Geist – Gefährdeter Körper. Schorndorf 2004.

Frester, R.: Mentale Fitness für junge Sportler. Göttingen 1999.

Frester, R.: Mentale Fitness für junge Sportler. Göttingen 1999.

Frester, R.: Mentale Fitness für junge Sportler. Göttingen 1999.

Gasch, R.: Handbuch des gesamten Turnwesens, Bd. 2 (1928). In: Habenicht, J.: Triathlon Sportgeschichte. Bochum 1991.

Gogoll, A.: Belasteter Geist – Gefährdeter Körper. Schorndorf 2004.

Grosser, M.: Das neue Konditionstraining. München 2001.

Grosser, M.: Wie sich sportliche Bewegungen steuern und koordinieren lassen. In: Digel, H. (Hrg.): Lehren im Sport. Reinbek 1983.

Habenicht, J.: Triathlon Sportgeschichte. Bochum 1991.

Hensel, F.: Bewegungen empfinden und nach Lösungen suchen. Interview. In: Sportpsychologie 2.Jg. (1988), Heft 2, S. 20-24

Hollmann, W./Hettinger, T.: Sportmedizin – Arbeits- und Trainingsgrundlagen. Stuttgart 1980.

Holzkamp, K.: Zur kritisch-psychologischen Theorie der Subjektivität 1, in: Forum Kritische Psychologie, AS 34, 1979.

http://www.bundesjugendspiele.de.

http://www.dtu-info.de.

Hurrelmann, K.: Einführung in die Sozialisationstheorie. In: Gogoll, A.: Belasteter Geist – Gefährdeter Körper. Schorndorf 2004.

Keul, J., et al.: Der Einfluß eines fünfjährigen Ausdauertrainings auf Kreislauf und Stoffwechsel bei Kindern. In: Deutsche Zeitschrift für Sportmedizin 33 (1982) 8, S. 264-270

Kindermann, W., et al: Anpassungserscheinungen durch Schul- und Leistungssport im Kindesalter. In: Sportwissenschaft 2/3 (1978), S. 222-234.

Klaeren, K.: Der Triathlonratgeber. Oberhaching 1988.

Klein, R.: Die Geschichte des modernen Fünfkampfes bis zum Ende des 2. Weltkrieges. Diplomarbeit Köln 1986.

Klimt, F. et al.: Wie tolerieren Vorschulkinder ein „Bergaufgehen" auf dem Laufband? In: Sportarzt und Sportmedizin 8 (1975), S. 163-169.

Klimt, F., et al.: Körperliche Belastung 8-9jähriger Kinder durch einen 800-m-Lauf. In: Schweiz. Zs. Sportmedizin 2 (1973), S.57-70.

Knoll, M.: Sporttreiben und Gesundheit. Eine kritische Analyse vorliegender Befunde. Schondorf 1997.

Koinzer, K.: Energetischer Metabolismus und dessen hormonelle Steuerung bei Kindern und Jugendlichen während Ausdauerbelastungen. in: Medizin und Sport 27 (1987) 7, S. 208-210

Krämer H.: Marathon. Reinbek 1995.

Lang, S./Müller-Andritzky, M.: Gesundheit und soziale Integration. Aachen 1984.

Lehmann, H.: Interview. Hamburg 15.12.2005.

Lehmann, M. et al.: Plasmakatecholamine, Glukose, Laktat und Sauerstoffaufnahmefähigkeit von Kindern bei aeroben und anaeroben Belastungen. In: Dt. Zs. F. Sportmedizin 8 (1980), S.230-236.

Lezelter, M.: Trainingsgrundlagen (1978). In: Nagel, V./Wulkop, M.: Techniktraining im Hockey. Hamburg 1992

Mader, A./Hollmann, W.: Zur Bedeutung der Stoffwechselleistungsfähigkeit des Eliterudereres im Training und Wettkampf. In: Martin, D. u.a.: Handbuch Kinder- und Jugendtraining. Schorndorf 1999.

Martin, D. u.a.: Handbuch Kinder- und Jugendtraining. Schorndorf 1999

Martin, D.: Konzeption eines Modells für das Kinder- und Jugendtraining (1981). In: Nagel, V./Wulkop, M.: Techniktraining im Hockey. Hamburg 1992.

Martin, D.: Training im Kindes- und Jugendalter. In: Trainerakad. Köln e.V. (Hrsg.): Schorndorf 1988.

McIntosh, P.C.: Landmarks of Physical Education (1957). In: Habenicht, J.: Triathlon Sportgeschichte. Bochum 1991.

Meinel, K./Schnabel, G.: Bewegungslehre. Abriss einer Theorie der sportlichen Motorik unter pädagogischem Aspekt. Berlin 1987.

Meyers großes Taschenlexikon: Band 7. Mannheim 1990.

Morgan/Costill (1972); Morgan/Pollock (1977); Hartung/Frage (1977), Stoll/Rolle(1996). In: Ziemainz, H./Schmidt, U., Stoll, O.: Psychologie in Ausdauersportarten, , Butzbach-Griedel 2003, S. 27-30.

Nagel, V./Wulkop, M.: Techniktraining im Hockey. Hamburg 1992.

Neumann, G. et al.: Das große Buch vom Triathlon. Aachen 2004.

Oerter, R./Montada, L. (Hrsg.): Entwicklungspsychologie. Weinheim 2002.

Palm, J.: Sport für alle. Frankfurt 1971.

Paulus, P.: Selbstverwirklichung und psychische Gesundheit (1994). In : Gogoll, A.: Belasteter Geist – Gefährdeter Körper. Schorndorf 2004.

Reuleke, J.: Veredelung der Volkserholung und edle Geselligkeit . In: Huck, G. (Hrsg.): Sozialgeschichte der Freizeit. Wuppertal 1982.

Schenkendorff, E.v.: Bildung und Organisation des Zentralausschusses. In: Habenicht, J.: Triathlon Sportgeschichte. Bochum 1991.

Schiöberg, K.: Statistik zu den Marathonläufen in Hamburg 1986-2003. Vortrag. Hamburg 2004.

Schlicht, W.: Wohlbefinden und Gesundheit durch Sport. Schorndorf 1995.

Schmidt, F.A.: Anleitung zu Wettkämpfen, Spielen und turnerischen Vorführungen (1900). In: Habenicht, J.: Triathlon Sportgeschichte. Bochum 1991.

Schmidt, U./Stoll, O.: Psychologie in Ausdauersportarten. Butzbach-Griedel 2003.

Schröder, W.: Vom Wert der Vielseitigkeit in der sportlichen Ausbildung - die Forderung nach Vielseitigkeit in der sportlichen Grundausbildung. In: Nagel, V./Wulkop, M.: Techniktraining im Hockey. Hamburg 1992.

Shearman, M.: Athletics (1901). In: Habenicht, J.: Triathlon Sportgeschichte. Bochum 1991.

Trautner, H.M.: Entwicklung der Geschlechtsidentität. In: Oerter, R./Montada, L. (Hrsg.): Entwicklungspsychologie. Weinheim 2002.

Voigt, J.: friluftsliv - Lieferant neuer Impulse für den outdoor-Boom. Diplomarbeit Hamburg 2002.

Wachter, G.: Faszination Triathlon (1987). In: Habenicht, J.: Triathlon Sportgeschichte Bochum 1991.

Weinberg, P.: Persönlichkeitsentwicklung im Sport. In: Kritische Stichwörter zum Sport. München 1983.

Weineck, J.: Optimales Training. Erlangen 2004.

III. Anhang

Literaturhinweise zur Ausarbeitung weiterer, individueller Praxiseinheiten, zu den Themen:

Triathlon:

Deutsche Triathlon Union (Hrsg.): Triathlon im Schulsport, Ein Leitfaden der Deutschen Triathlon Union für Lehrerinnen und Lehrer. Frankfurt: DTU, 2004.

Sportpraxis 5/2004: Triathlon. Limpert Verlag, S. 9-12.

Schwimmen:

Durlach, F.J.: Erlebniswelt Wasser: Spielen Gestalten, Schwimmen. Schorndorf: 1998.

Frank, G.: Koordinative Fähigkeiten im Schwimmen. Schorndorf 2002.

Laufen:

Arndt, H.A.: Kinderlanglauf- eine langfristige Lifetime-Sport-Initiative. In: Kleine, W. (Hrsg.): Langlauf in der Kritik. Aachen1987, S.138-149.

Katzenbogner, H., Medler, M.: Spielleichtathletik Teil 1, Laufen und Werfen. Neumünster 1993, S. 28-113.

Martin, D.: Handbuch Kinder- und Jugendtraining. Schorndorf1999, S. 368-373.

Simon, L., Kramer, R.: Praxisideen Band 10, Leichtathletik Technikvariationstraining beim Laufen. Schorndorf 2004, S. 17-92.

Specht, V.: Ein methodischer Weg zum Orientierungslauf. In: Häusler, W. (Hrsg.):Sport und Spiel - Lehren und Lernen in Schule, Verein und Freizeit, Bb.2. Leichtathletik und Orientierungslauf. Seelze-Velber 1992, S.246-278.

Sportpädagogik 6/2005: Kooperativ lernen, S.24-29.

Weineck, J.: Optimales Training. Erlangen2004, S.226-234.

Radfahren:

Ernst, M.: Radsport in der Schule und Verein. Aachen 1992.

Rumpfstabilisation / Krafttraining:

Grosser, M.: Das neue Konditionstraining. München 2004, S. 192-208.

Weineck, J.: Optimales Training. Erlangen 2004, S.378-393.

Wissenschaftlicher Buchverlag bietet

kostenfreie

Publikation

von

wissenschaftlichen Arbeiten

Diplomarbeiten, Magisterarbeiten, Master und Bachelor Theses
sowie Dissertationen, Habilitationen und wissenschaftliche Monographien

Sie verfügen über eine wissenschaftliche Abschlußarbeit zu aktuellen oder zeitlosen Fragestellungen, die hohen inhaltlichen und formalen Ansprüchen genügt, und haben **Interesse an einer honorarvergüteten Publikation**?

Dann senden Sie bitte erste Informationen über Ihre Arbeit per Email an info@vdm-verlag.de. Unser Außenlektorat meldet sich umgehend bei Ihnen.

VDM Verlag Dr. Müller Aktiengesellschaft & Co. KG
Dudweiler Landstraße 125a
D - 66123 Saarbrücken

www.vdm-verlag.de

Druck: KN Digital Printforce GmbH · Schockenriedstraße 37 · 70565 Stuttgart